L'ANTIDOTE
OU LE
CONTREPOISON
DES
CHEVALIERS D'INDUSTRIE,
OU
JOUEURS DE PROFESSION.

Démontré par un Vénitien dans les Lettres qu'il écrit à un de ses Amis pendant ses Voyages en Europe.

Contenant toutes les ruses & artifices, dont se servent les Joueurs pour gagner l'argent des honnêtes Gens; & les moyens de s'en garantir dans divers sortes de Jeux.

A VENISE,
Aux Dépens de l'Auteur.

1768.

AVIS
AU LECTEUR.

L'Auteur de ce petit Ouvrage n'a consideré en y travaillant, que l'avantage des jeunes gens, & principalement celui des Peres de famille, qui, après avoir travaillé nombre d'années pour l'Education de leurs Enfans, ont quelquefois la douleur de les voir dans leur majorité, non-seulement dissiper au Jeu tout leur bien, mais encore celui qu'ils ont reçu par alliance d'une autre famille.

Combien de Familles ruïnées par cette sordide passion, qui regne principalement dans les gens qui ont reçu de l'éducation.

Le Jeu n'a été inventé que pour faire l'amusement des honnêtes gens, & le seroit indubitablement encore, s'il ne s'étoit glissé dans la Societé des Chevaliers d'industrie ou Joueurs de profession, qui, n'ayant d'autres revenus que les ruses qu'ils ont inventé pour attraper le bien d'autrui, se parent de divers habits d'un bon ton, & se donnent des titres pour s'introduire dans les bonnes Compagnies, où ils ne sont pas plutôt admis, *qu'ils exercent leurs talens, & se mettent en état de briller avec autant d'éclat que les principaux des Villes de l'Europe où ils se trouvent.*

L'Auteur qui voit depuis plusieurs années le Public dans cet abus, a cru ne pouvoir mieux faire que de former ce petit Ouvrage, pour lui découvrir les ruses & artifices que leur tendent ces Messieurs dans les Jeux de la Banque, du Pharaon, la Bassette, le Lansquenet, le Piquet, le Berlan & le petit Paquet, même au Billard, qui est un jeu d'adresse, ainsi que le jeu de Dez & les moyens de s'en garantir. Le tout démontré avec beaucoup de simplicité, afin que les personnes les plus innocentes au jeu en puissent faire l'épreuve eux-mêmes en rangeant les cartes comme il est dit, & par une correspondance de Lettres d'un Vénitien à un de ses amis pendant ses Voyages en Europe.

CORRESPONDANCE DE DEUX AMIS TOUCHANT LES RUSES DES JOUEURS DE PROFESSION.

PREMIERE LETTRE.

Lettre d'un Voyageur à ſon Ami à Veniſe.

De P... le 1 Mars 1767.

MONSIEUR ET AMI,

JE vous ai promis de vous donner de mes nouvelles, lorſque je ſerois arrivé à P..., je vous dois cette ſatisfaction par l'amitié qui unit depuis long-temps nos deux familles. Je ne vous ferai point le détail des Villes par où j'ai paſſé, puiſque vous avez fait avant moi ce voyage, & dans un âge plus mûr, par conséquent plus digne de réflexions. Je vous dirai seulement que M. De *** & moi nous sommes réjouis le plus qu'il nous a été possible; c'est un jeune homme fort divertissant, ainsi de l'humeur dont vous me connoissez, jugez si nous avons bien passé le temps. Nous sommes arrivés ici il y a aujourd'hui deux mois, & depuis ce temps, moyennant les Lettres de recommandation que vous m'avez procurées, ainsi que celles de mon oncle, j'ai toujours été de divertissement. Je ne saurois assez vous dépeindre le bon accueil que vos amis, & ceux de mon oncle m'ont fait, tant pour la bonne chere, que pour tout ce qu'il y a de curieux à voir dans cette Capitale, Comédies, Opéra, Bals, Jeux, rien n'a manqué à nos divertissements; cependant, dans les assemblées où je me suis trouvé, j'y ai souvent eu du déplaisir par la perte de mon argent; il est vrai que j'aime un peu trop le jeu, & lorsque je suis en perte je m'échauffe trop; mais c'est, je crois, le défaut des trois quarts de personnes qui jouent, & comment se défendre de jouer; on est introduit dans une compagnie pour y faire la partie avant le souper; le Jeu s'échauffe & devient sérieux, ce qui fait qu'on soupe promptement pour recourir à sa partie: enfin, je vous dirai que j'ai perdu bien gros depuis mon arrivée en cette Ville, & à toutes sortes de jeux comme la Banque de Pharaon, la Bassette ou Stose, le Lansquenet, le Piquet, le Berlan, le petit Paquet, & même au Billard, qui est un jeu d'adresse, sans oublier les Dez : mais quelques personnes de mes amis m'ont assuré que j'avois été dupe dans plusieurs parties, & comme je vous connois des talens supérieurs dans tout genre, & que vous m'avez vous-même raconté plusieurs fois que, dans vos voyages, vous avez toujours su vous mettre à l'abri de ceux qui tiroient à votre argent, oserois-je vous prier de me donner quelques lumieres à ce sujet, afin que je ne retombe pas davantage entre les mains de gens trop fins sans m'en appercevoir. J'espere que vous ne refuserez pas cette petite satisfaction à celui qui a l'honneur de se dire avec la plus parfaite amitié,

Monsieur & ami,

Votre très-humble obéissant serviteur & ami, C. D.

DEUXIEME LETTRE.

De Venise, le 26 Mars 1767.

MONSIEUR ET AMI,

J'AI reçu hier avec plaisir l'honneur de votre Lettre, en date du 1 courant; elle m'a tiré de l'inquiétude où j'étois touchant votre santé, & j'y ai vu avec joie que vous êtes arrivé bien portant à P... & que vous y avez été bien reçu de mes amis; j'aurai l'honneur de les remercier en mon particulier du bon accueil qu'ils vous ont fait. Vous me demandez par votre lettre que je vous donne des lumieres sur divers sortes de Jeux que vous me nommez; cette matiere est trop vaste & trop remplie d'artifices pour que je puisse vous satisfaire par une Lettre, d'autant plus qu'il faudroit un Volume entier pour renfermer les intrigues diaboliques dont se servent les Joueurs de profession pour attraper l'argent des innocents; mais, comme je suis mortifié de la perte que vous avez faite en dupe selon toute apparence, je commencerai par la présente à vous donner un petit éclaircissement sur les pieges que peut vous tendre le Banquier qui taille au Pharaon: il y a des Banquiers qui travaillent avec des cartes marquées, & d'autres qui travaillent avec des cartes naturelles, c'eſt déja une choſe qu'il faut détailler en deux articles. Je commencerai donc à vous apprendre comment ils les marquent. Les plus ignorans en marquent 16 avec une éguille bien fine à la place où ils mettent le pouce, il marquera par exemple les quatre As avec un petit point, les quatre Deux avec deux points en long, les quatre Trois avec deux points en travers, & les quatre Quatre avec trois points en travers. Les autres en marquent 12 en frottant la place où ſe trouve le pouce avec de la colofane en poudre, & en le nettoyant quand il le faut avec un linge blanc. D'autres ſe ſervent de cartes tarotées en rangeant les cartes de façon que le tarotage d'en haut étant entier à moitié, ou au quart ſuivant la remarque qu'ils en ont fait, ils puiſſent ſavoir d'abord quelle carte ils vont tirer. D'autres les marquent encore en frottant la place où ils mettent le pouce avec un verre bien plat, ou avec une machine d'ivoire faite exprès, de façon que les cartes qu'ils frottent deviennent plus plattes & plus liſſées que les autres. Lorſque les Banquiers commencent à tailler ils touchent la carte toujours où ils poſent le pouce, & en tâtant ils connoiſſent la qualité de la carte, & regardent à droite & à gauche ſi cette carte leur eſt préjudiciable, par ſuppoſition que ce ſoit le Roi, ſi ce même Roi eſt beaucoup chargé d'argent à la faveur du Banquier, ils tirent la carte naturellement & telle qu'elle vient; au contraire s'il n'y a rien ſur le Roi, alors, par un artifice aſſez fin & preſque impoſſible à vous démontrer, il tire la ſeconde carte au lieu de la premiere (ce qu'on appelle filer la carte) & le Roi tombe en gain pour les Pontes; & en faiſant cette opération toutes les tailles, il eſt indubitable que les Pontes doivent perdre leur argent ſans reſſource. Voilà, Monſieur, tout ce que le temps me permet de vous écrire pour aujourd'hui; mais par le Courier prochain je vous donnerai encore d'autres lumieres ſur ce même Jeu, ſans cependant pouvoir en finir, tant il y a des ruſes & de ſupercheries ſur ce jeu.

En attendant, j'ai l'honneur d'être très-ſincerement,

Monſieur & ami,

Votre très-humble,
obéiſſant ſerviteur &
ami, D. S. P.

TROISIEME LETTRE.

De Venise, le 31 Mars 1767.

MONSIEUR ET AMI,

JE vous ai écrit par le dernier Courier une Lettre à laquelle je me réfere, & je vais continuer par la présente à vous éclaircir encore sur le Pharaon; car c'est un jeu sur lequel j'ai beaucoup à vous dire; ma derniere vous a expliqué comment les Banquiers filent la carte, & de quelle façon ils connoissent les cartes, présentement je vous démontrerai le mieux qu'il me sera possible comment ils font pour faire gagner ou perdre quatre cartes de même nombre ou qualité; ils font un mêlange que les Joueurs connoissent sous le nom d'écartete, pour faire perdre quatre As, quatre Deux, ou quelques quatre autres cartes, suivant leur idée, aux fins que si quelque Ponte tombe à prendre une de ces cartes, il s'échauffe à la pousser jusqu'à la quatrieme fois, souvent en redoublant son argent sur la même carte dans l'espérance où il est qu'elle gagnera bien une fois, son espérance se trouve vaine, & la perte de tout son argent bien réelle.

L'écartete se fait de cette maniere; je

vous suppose que le Banquier veuille faire une écartete pour faire perdre toutes les Figures dans la taille suivante de celle qu'il fait. Les deux premieres cartes qui tombent sur la table, une à gauche & l'autre à droite, qui par supposition sont As & Dix, ces deux cartes sont appellées par un Banquier qui sait son métier pair; les deux suivantes qui sont Neuf & Deux sont appellées impair, les deux autres suivantes qui sont Huit & Roi sont encore appellées pair, & les deux autres suivantes impair, &c jusqu'à la fin de la taille (& le tout seulement dans l'esprit & la mémoire du Banquier, qui ne semble pas faire attention aux cartes qui passent.) Ce Banquier, qui fait bien attention à compter les pairs & impairs de ses cartes, ne manque pas lorsqu'une des Figures vient à tomber au nombre impair de la passer sans paroître y faire attention au nombre pair; observez bien que d'un côté & de l'autre c'est toujours le même nombre, pair ou impair, & cette exactitude du Banquier passe dans l'esprit des Pontes innocents pour une droiture du Banquier, afin que deux Figures, deux As, ou deux Neufs ne se rencontrent pas ensemble dans la Taille prochaine: après donc avoir fait ce manege jusqu'à la fin de la Taille, & que le Banquier est sûr que toutes les Figures sont placées au nombre pair, il fait deux mêlanges différens, qui, à la vue des Pontes, semble que les cartes sont bien mêlées, mais cependant elles restent dans le même arrangement qu'elles étoient auparavant, de façon qu'à cette taille toutes les Figures tombent du même côté; il faut donc que je vous explique comment ils font ces deux mêlanges: lorsque le Banquier a fini la Taille dont je viens de vous parler, il prend les cartes d'un côté & les met sur ou dessous les cartes de l'autre côté, & les mêle quatre à quatre; c'est-à-dire, tenant ses cartes de la main gauche; supposez que les quatre premieres cartes de son Jeu soient Sept, Huit, Neuf & Dix, il fait passer le Huit sur le Sept, le Neuf dessous le Sept, & le Dix dessus le Huit, de sorte qu'après ce mêlange, c'est le Dix qui est dessus, la seconde carte est le Huit, la troisieme est le Sept & le Neuf la quatrieme; ensuite il pose ces quatre cartes sur la table, & fait le même mêlange aux quatre cartes suivantes, & les pose sur les quatre premieres, & continue ainsi jusqu'à la fin des cartes. Ce mêlange fait, il reprend les cartes de la main gauche & fait un second mêlange, tel qu'il suit: je suppose que les premieres quatre cartes qui sont en haut de son Jeu soient un As, un Deux, un Trois & un Quatre, il prend les premieres deux cartes avec la main droite, qui sont As & Deux, il fait passer la troisieme qui est le Trois dans le milieu de ces deux, & met la quatrieme dessus qui est le Quatre, de façon que ces quatre cartes restent quatre As, Trois & Deux; il met ensuite ces quatre cartes sur la table & en prend quatre autres auxquelles il fait le même mélange, ainsi qu'aux autres cartes qui restent jusqu'à la fin, & ensuite donne à couper & de telle façon qu'on lui coupe les cartes, les Figures tomberont toutes d'un côté; mais par la coupe elles tomberont peut-être du côté gagnant pour les Pontes, ce qui ne fait rien au Banquier si personne ne met d'argent sur la Figure; mais si quelqu'un des Pontes couche beaucoup sur les Figures qui tombent toutes au côté gagnant, alors le Banquier cherche exprès à quelqu'un des Pontes une dispute mal fondée, soit sur un Paroli, un Sept & Leva, ou une Paix, en disant qu'il a mal marqué son Jeu, le Ponte comme de juste raison se défend, & expose ses raisons: à ces discours, le Banquier simule d'entrer en furie, & d'un coup de colere jette toutes les cartes, qui sont déja passées à terre, du côté gauche & avec la main droite, observez bien que je vous dis du côté gauche & avec la main droite, parce qu'au même instant le Banquier qui tient ses cartes de la main gauche en fait tomber celle de dessus avec le pouce, ce qui est presque impossible à voir, d'autant plus que les autres cartes partent au même instant de dessus la table avec celle là, ensuite il continue sa taille; alors toutes les Figures qui tomboient en gain pour les Pontes & qui y auroient tombé, toute la Taille tombe en perte, & pour éviter la fausse Taille à cause de la carte qui est de moins, lorsque le Banquier voit qu'il n'a plus en main que huit ou dix cartes, sans se mettre en colere, il fait encore la même opération qu'au commencement de la taille & en laisse encore tomber une, & les cartes se trouvent égales, même celles qui sont à terre. D'autres Banquiers, pour éviter l'opération précédente de faire tomber les cartes à terre, ont un Ponte affidé qui est dans leur confiance, & après avoir mêlé les cartes comme je vous l'ai dit ci-dessus pour leur écartete, ils prennent la moitié des cartes, les plient en bas en les pressant seulement un peu du côté de la terre, ce qui n'est pas difficile à faire, parce que les cartes neuves prennent aisément le pli qu'on veut; l'autre moitié il les plient en haut en les pressant aussi un peu du côté du Ciel; ensuite le Banquier coupe lui même & met les cartes qu'il a pliées du côté de la terre sur celles qui sont pliées du côté du ciel, ce qui fait comme un petit pont; après quoi il donne les cartes à couper au Ponte qui eſt dans l'intelligence, lequel coupe dans le petit pont, de façon que la coupe du Banquier & celle du Ponte remettent les cartes dans l'état où elles étoient avant ces deux coupes, & pour lors le Banquier eſt bien ſûr que toutes les Figures perdront; il en eſt de même de toutes autres cartes s'il y a fait l'écartete. Il y a auſſi d'autres Banquiers qui, après avoir fait leur écartete à telles cartes que bon leur ſemble, font le mêlange d'une autre façon bien plus aiſée: après avoir mis les deux côtés des cartes l'un ſur l'autre, ils prennent les cartes à la main & les mettent une deſſous & l'autre deſſus continuant juſqu'à la fin; après quoi ils tirent avec deux doigts de la main droite la premiere & la derniere & les mettent ſur la table, & continuent cette opération juſqu'à la fin, & donnent à couper, & pour lors le Banquier eſt ſûr de ſon écartete.

D'autres Banquiers plus habiles, après avoir fait leur écartete & mêlé les cartes d'une des deux façons que je viens de vous dépeindre, fait couper au premier venu, & ſi les cartes qu'il a tirées à l'écartete tombent en perte pour lui, il fait paſſer adroitement la carte de deſſus deſſous (on appelle cela faire la Volte.) Vous me direz comment peut-il faire cela ſans être apperçu, la choſe eſt difficile pour un ignorant, & bien facile à un homme adroit de de ſes mains, il couvre tout à fait ſes cartes, qui ſont dans ſa main gauche, par ſa main droite, parle à un Ponte au ſujet du jeu, & pendant ce temps avec les trois derniers doigts de la main gauche il tire adroitement la carte de deſſus, & la fait paſſer deſſous, après quoi toutes les cartes qui tomboient à l'avantage des Pontes tombent au ſien.

Pour ſe garantir donc de cette fraude, on doit faire attention ſi le Banquier dans le courant de la Taille ne change point quelque carte du lieu où elle eſt tombée naturellement; c'eſt-à-dire, ſi la carte qui tombe au nombre pair n'eſt point paſſée au nombre impair, ou du nombre impair au nombre pair; car en tel cas on peut hardiment lui défendre, cela n'étant pas permis; de plus, ſi on remarque que les cartes ne ſont pas bien mêlées, on peut auſſi dire au Banquier de mieux mêler, & lorſque vous avez envie de ponter faites enſorte de vous mettre à côté du Banquier pour examiner la carte qui part de ſes mains, & ſi ledit Banquier tient les cartes trop couvertes, vous pouvez lui dire qu'il doit tirer la carte hardiment, & la faire voir dès qu'elle part de deſſous ſon pouce, & s'il fait autrement quittez d'abord, autrement vous feriez dupé.

Il y a encore bien des choſes ſur ce jeu que je ne peux vous expliquer aujourd'hui, ma Lettre eſt aſſez longue pour la finir, & je tâcherai de vous en envoyer une autre par le Courier prochain ſi mes affaires me le permettent; mais, au reçu de la préſente, faites-moi le plaiſir de me marquer ſi mes leçons vous auront été fructueuſes, & comment vous paſſez le temps.

J'ai l'honneur d'être avec un ſincere attachement,

Monſieur & ami,

Votre très-humble obéiſſant Serviteur & Ami, D. S. P.

QUATRIEME LETTRE.

De Veniſe, le 10 Avril 1767.

MONSIEUR ET AMI,

IL ne m'a pas été poſſible de vous écrire par le dernier Courier, mais j'y ſatisfais aujourd'hui, & la préſente ſervira de ſupplement à ma derniere à laquelle je me réfere.

Dans pluſieurs Villes, les Cartiers ou faiſeurs de cartes les rangent régulierement, & toujours de même: par exemple, ils rangent l'As la premiere, enſuite le Deux, le Trois, le Quatre, &c juſqu'au Dix, & placent les 12 Figures après; ſavoir, les trois Figures en Trefle, les trois Figures en Pique, les trois Figures en Cœur, & les trois Figures en Carreau. Les Banquiers éclairés profitent de cet arrangement; supposons qu'ils aient envie de faire l'écartete aux quatre Deux, aux quatre Quatre, & aux quatre Dix; ils prennent un jeu de cartes tout neuf avec la main gauche, en ôtent l'enveloppe, & commencent avec adresse & vîtesse à mettre l'une après l'autre les cartes sur la table sans ordre à la vue des Pontes; mais, dans leur intérieur, ils les comptent bien, & lorsqu'ils sont aux Deux, aux Quatre & aux Dix, ils placent ces 12 cartes au même côté, & près l'un de l'autre, & lorsqu'ils ont fini cette opération, ils prennent 26 cartes dans lesquelles sont les quatre Deux, les quatre Quatre & les quatre Dix, & les mêlent assez bien, & mettant ces 26 cartes mêlées sur la table, ils prennent les 26 autres qu'ils mêlent aussi assez bien; ensuite ils mettent les 26 cartes qui sont sur la table dessus les autres qu'il tient dans sa main gauche, & avec sa main droite, ils les tirent deux à deux; c'est-à-dire, une de dessus & l'autre de dessous, & les mettent ainsi sur la table jusqu'aux deux dernieres cartes; alors, au moyen du petit pont qu'il fait au milieu des cartes, & du Ponte d'intelligence, dont je vous ai parlé auquel il donne à couper, il est sûr que les quatre Deux, les quatre Quatre, & les quatre Dix tomberont au profit du Banquier, & contre les Pontes. D'autres Banquiers se servent de cartes qu'ils arrangent eux-mêmes chez eux, afin que les Pontes perdent plus subitement toutes les cartes où ils hazarderont leur argent; ils font cet arrangement de la façon que je vais vous montrer, & cependant ils peuvent changer tous les jours suivant leur idée, & suivant les Pontes qu'ils ont dans leur Banque.

Arrangement que font les Banquiers chez eux sur du papier avant que de se présenter devant les Pontes.

Exemple d'un Jeu de Cartes entier.

As & As	Dix & Dix	Dame & Roi
Sept & As	Dame & Neuf	Valet & Huit
Dix & As	Valet & Dix	Sept & Dame
Quatre & Six	Deux & Deux	Quat. & Valet
Neuf & Neuf	Sept & Cinq	Six & Trois
Cinq & Trois	Quatre & Deux	Roi & Six
Huit & Neuf	Huit & Dame	Quatre & Roi
Six & Trois	Cinq & Cinq	Huit & Deux
Roi & Trois	Sept & Valet	

Par cet arrangement vous voyez que la derniere carte est un Deux, cette carte doit être un peu plus large ou un peu plus longue que les autres, pour la commodité du Ponte, d'intelligence, qui doit couper.

Après avoir donc composé cet arrangement sur le papier selon l'idée & l'opinion des Banquiers, ils prennent un Jeu de Cartes neuf, & arrangent les cartes comme il eſt ci-deſſus en commençant par l'As juſqu'au Deux, qui eſt la derniere carte, & la plus large ou plus longue: par exemple, ils regardent ſur leur papier & voient que l'As eſt la premiere; ils prennent un As d'un Jeu de cartes qu'ils mettent ſur la table, la couleur du côté du ciel; enſuite vient encore un As, ils la placent ſur la premiere; après vient le Sept, ils le placent ſur la ſeconde, & ſuivent cette opération juſqu'à la derniere carte qui eſt le Deux, qui doit reſter en haut regardant le ciel, & être un peu plus large, ou un peu plus longue que les autres; après quoi, ils prennent leſdites cartes arrangées à la main gauche, la couleur regardant à terre, & avec la main droite, ils prennent la premiere qui eſt en haut, & qui eſt l'As, & la mettent ſur la table, la couleur regardant la table; enſuite, ils prennent la derniere qui eſt le Deux, & la carte un peu plus large, ou un peu plus longue, & la mettent ſur la premiere qui eſt l'As, & ſuivent cette opération juſqu'à la fin, toujours en commençant de la premiere qui eſt en haut, & finiſſant par la derniere qui eſt en bas, de façon que la carte longue ou large ſe trouve l'avant derniere carte qui touche la table.

Après avoir donc fait cet arrangement à 3 Jeux de Cartes, & à chacun differemment chez eux, ils enveloppent leſdites cartes, chaque Jeu dans ſon enveloppe bien proprement, & avec le même fil, & les changent lorſqu'ils vont faire la Banque, ce qu'ils font facilement en allant une heure devant les Pontes à la maiſon où ils ont coutume de tailler ; ils demandent un Sixain au Maître qu'ils ouvrent devant lui, & un moment après ils le font ſortir par quelque commiſſion faite exprès, ſoit pour caffé ou vin, &c & dans ce petit intervalle d'abſence du Maître, ils changent trois Jeux de ſes cartes contre les trois qu'ils ont arrangés chez eux, & ne ſe ſervent de ces trois Jeux de cartes qu'après 3 ou 4 Tailles paſſées, & quand ils voient que les Pontes ſont échauffés; alors ils prennent un de ces trois Jeux de cartes arrangées, & font le mêlange ſuivant: ils prennent avec la main droite la premiere carte qui eſt en haut & paſſent ſur elle la ſeconde, prennent la troiſieme & la paſſent deſſous, la ſixieme deſſus, la ſeptieme deſſous, la huitieme deſſus, &c juſqu'à la fin, de façon que ce mêlange remet les cartes comme elles ſont arrangées ſur le papier, & que la carte un peu plus longue, ou un peu plus large, qui eſt le Deux & la derniere, & le Banquier coupe une fois lui-même, pour que ledit Deux ſe trouve dans le milieu du jeu, & après donne à couper à ſon Ponte, d'intelligence avec lui, lequel ſentant tout de ſuite la carte longue ou large ſelon qu'ils en ſont convenus, il la coupe & elle revient encore deſſous & la derniere, de ſorte que ces deux Coupes remettent les cartes encore une fois comme elles ſont ſur le papier, & dans leur premier arrangement, & le Banquier commence à tailler en diſant As & As, pliez, Meſſieurs, Sept & As, Dix & As, Quatre & Dix, &c jusqu'à la derniere qui eſt Huit & Deux; vous verrez par cet arrangement bien ſimulé, que les Pontes innocents n'ont pas beau jeu avec des Banquiers de cette eſpece, qui ne tirent qu'à l'argent de ceux qui les environnent.

Par ma premiere, je vous apprendrai autre choſe qui devroit être annexé à la préſente, mais le temps me manque, le Courier étant ſur ſon départ.

Je vous ſalue, & ai l'honneur de me dire très-ſincerement,

Monſieur & ami,

Votre très-humble
obéiſſant Serviteur &
ami, D. S. P.

CINQUIEME LETTRE.

De Venise, le 20 Avril 1767.

MONSIEUR ET AMI,

MA derniere quoi qu'assez longue n'a pu contenir tout ce qui pourroit vous satisfaire ; je vais donc continuer par la présente à vous dire ce que le temps me permettra au sujet du Pharaon, plus j'écris sur les artifices de ce Jeu, plus il me semble avoir à écrire ; car il n'y a point de Jeu pareil à celui-là pour attraper l'argent des innocens.

Je vais presentement vous démontrer une nouvelle façon que les Banquiers de profession ont inventé pour tromper les Pontes sans être obligés d'en faire la confidence à qui que ce soit pour couper, comme je vous l'ai écrit par ma troisieme Lettre. Ils font l'arrangement chez eux comme je vous l'ai démontré par ma derniere, & aujourd'hui je vais vous en donner un autre exemple, ainsi qu'ils le font sur le papier avant l'arrangement des cartes ; Savoir,

Huit & Dix	Huit & Dame	Dame & Deux
Cinq & Cinq	Neuf & Valet	Valet & Dame
Neuf & Dix	Roi & Roi	Huit & Quatre
Sept & Cinq	Deux & Six	Neuf & As
Trois & Trois	Quatre & Roi	Neuf & As
Six & Cinq	Sept & Roi	Deux & Valet
As & Dix	Huit & Dix	Sept & Deux
Dame & Trois	Sept & As	Quatre & Quatre
Valet & Trois	Six & Six	

Après avoir formé ledit arrangement ils prennent un Jeu de Cartes neuves, & coupent avec une paire de ciseaux, de toutes les cartes qui tombent à la gauche du Banquier, & qui sont en perte pour les Pontes, une petite bande en long, ce qui les rend un peu plus étroites que les autres: par exemple, du Jeu de Cartes que voilà ci-dessus démontré, ils coupent une petite bande en long du Huit, le Dix ils ne le coupent point & le laissent comme il étoit, le premier Cinq ils le coupent, le second Cinq qui vient en doublet ils ne le coupent point, le Neuf ils le coupent, le Dix ils ne le coupent point, le Sept ils le coupent, le Cinq ils ne le coupent point, le premier Trois ils le coupent, & le second Trois qui vient en doublet ils ne le coupent point; ainsi de toutes les autres cartes jusqu'à la fin du Jeu, & après les avoir arrangés de cette maniere ils les enveloppent bien avec le même papier pour les changer comme je vous ai dit par ma précédente, & voulant s'en servir ils les prennent, en ôtent le couvert, & commencent à les mêler en apparence; mais cependant elles restent dans leur même ordre par ce mêlange qui consiste à prendre à peu près la moitié des cartes de dessous, & de les passer dessus, faisant comme si ils les entrelassoient l'une dans l'autre, après quoi ils donnent à couper au premier Venu, & celui qui coupe ne peut éviter de couper une carte large, vû que celles que le Banquier à coupées avec les ciseaux sont plus étroites, & reculent à l'attouchement des doigts, & ladite carte large restant sous le jeu, les cartes doivent sortir suivant l'arrangement ci-dessus. Cependant je vous observerai que la Taille ne commencera peut-être pas par Huit & Dix comme ci-dessus, parce que celui qui a coupé peut avoir coupé plus haut ou plus bas; mais supposez que les deux premieres cartes que le Banquier tirera soient Huit & Dame, comme il est ci-dessus écrit à la case du milieu, il suivra ensuite Neuf & Valet, Roi & Roi, Deux & Six, &c en suivant, ou par l'autre côté en retrogradant, Valet & Trois, Dame & Trois, As & Dix, &c jusqu'a la fin de la Taille, dans laquelle (de telle façon que les choses tournent) les Pontes perdront quatre fois le Huit, quatre fois le Neuf, & quatre fois le Sept, ainsi que quatre ou cinq doublet, & pour se mettre à couvert de telle fraude, il faut toujours faire attention si le Banquier mêle bien les cartes, & ne pas se laisser éblouir lorsqu'il a les cartes en main par un domestique ou autre, qui vient exprès vous présenter un verre de vin ou une prise de tabac, ou encore par un Associé qui passe sa manche devant vous pour moucher la chandelle; mais ayant toujours les yeux ſur les cartes; ſi vous vous appercevez que le mêlange en eſt mauvais, vous pouvez obliger le Banquier à remêler de nouveau les cartes, s'il refuſe de le faire c'eſt une marque très-claire qu'il veut tromper les Pontes.

En écrivant la préſente, il me vient une réflexion que je ſuis fâché de ne pas vous avoir communiqué plutôt dans la crainte où je ſuis que vous n'ayez été dupe de la façon ſuivante. Très-ſouvent un Banquier trompeur cherche à s'aſſocier avec des perſonnes qui ont beaucoup d'argent, & point de connoiſſance ſur le Jeu, en leur faiſant enviſager tout l'avantage que le Banquier peut avoir ſur les Pontes, & les aſſurant d'un gain preſque ſûr; par exemple, un Banquier vous dira, Monſieur, vous êtes un homme malheureux à ponter; il eſt vrai que le Banquier a quelques avantages ſur les Pontes, & l'eſtime que j'ai pour vous me fait prendre part à votre malheur; ainſi ſi vous voulez demain mettre 200 ducats plus ou moins avec moi, nous ferons de moitié du produit de la Banque; alors ſi vous lui donnez votre parole qu'oui, le lendemain il ſe trouve un homme qui vous eſt inconnu auquel le Banquier à fait confidence, & qui en trois ou quatre Tailles vous debanque entierement, & le lendemain ils partagent votre argent enſemble; ſi vous continuez il en fera prefque tous les jours de même, & cela fe fait fans que vous vous en apperceviez, foit en faifant des écartetes, ou en fe fervant de plufieurs opérations qu'il m'eft impoffible de vous écrire, étant infinies & fans nombre, & cela paffe pour avoir bien du malheur : ainfi, je vous confeille en ami de ne jamais vous affocier avec perfonne pour ce Jeu, à moins que vous ne connoiffiez bien ces perfonnes de longue main pour des gens de probité, autrement vous ferez trompé & perdrez tout votre argent ; on appelle cela tirer la bécaffine. Je me flatte que par le moyen des inftructions que je vous ai données jufqu'à ce jour fur ce jeu, vous pourrez vous mettre à l'abri des rufes & tromperies des Banquiers de profeffion, qui ne cherchent que des dupes.

J'attendrai préfentement votre réponfe, pour favoir l'état de votre fanté & de votre bourfe; après quoi je vous dirai comment les Pontes peuvent faire pour tromper les Banquiers.

J'ai l'honneur de me dire avec beaucoup de confidération,

Monfieur & ami,

Votre très-humble
obéiffant ferviteur &
ami, D. S. P.

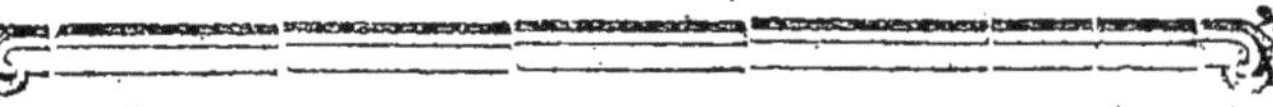

SIXIEME LETTRE.

De P.... le 23 Mai 1767.

MONSIEUR ET AMI,

J'AI bien reçu en son temps les quatre Lettres que vous m'avez fait l'amitié de m'écrire.

De tous les artifices sur lesquels vous m'avez fait ouvrir les yeux, je les ai tous essayé chez moi, & ai reconnu en effet que vous êtes extrêmement au fait de cette partie; car ils m'ont tous aussi bien réussi qu'à celui qui en fait profession.

Il n'y a point de remercimens que je ne sois dans le cas de vous faire, pour les leçons que vous m'avez donné jusqu'à ce jour, & je puis vous assurer que si vous étiez un homme qui ne fut pas aussi opulent que vous l'êtes, je croirois encore vous mal récompenser en vous priant d'accepter la moitié de ma fortune; mais sachant à n'en point douter que l'intérêt n'a jamais eu place dans votre cœur, je ne puis que vous assurer d'une reconnoissance éternelle, & vous prier de croire que je m'efforcerai à me rendre toujours digne de votre bienveillance & amitié.

Vos trois premieres lettres m'avoient mis dans le cas d'avoir ratrappé en huit jours tout l'argent que j'avois perdu, vû que j'ai remarqué plusieurs fois que le Banquier avoit fait des écartetes desquelles j'ai profité avantageusement, en me mettant bien près de lui, & ne quittant pas ses cartes de vue dans la crainte qu'il ne filât la carte ou en esquivât une, soit en la jettant à terre, ou en la passant dessous, de façon que je suis présentement devenu un homme suspect, sans cependant qu'on m'en dise rien; mais, malheureusement pour moi, je n'avois pas reçu votre derniere, & j'ai tombé dans le panneau, on m'a dupé d'une autre façon; je me suis associé avec un Banquier, qui en une semaine a été débanqué cinq fois, & ne me suis retiré de sa compagnie que le jour même que j'ai reçu votre derniere; il m'a derechef bien sollicité pour continuer, me faisant entendre que nous serions sûrement plus heureux la semaine prochaine; mais je lui ai dit que mes affaires m'obligeoient de m'absenter pour quelques jours, & qu'à mon retour je verrois ce que j'aurois à faire; mais il ne me retient pas à pareil piege, & je vous confesserai naivement, qu'il avoit si bien fait les choses, que malgré vos lumieres j'ai été sa dupe sans m'en appercevoir, & que je l'aurois été plus longtemps sans votre derniere lettre, au reçu de laquelle j'ai reconnu ma faute.

Je vous prie de ne point vous fatiguer de me donner des inſtructions, vous aſſurant que je les mettrai à profit le plus qu'il me ſera poſſible. N'oubliez pas, je vous prie, comme vous me le promettez de me marquer les moyens dont doivent ſe ſervir les Pontes pour attraper l'argent des Banquiers; car je voudrois bien avoir ma revanche vis-à-vis de celui qui m'a aſſocié avec lui.

Je finis en vous aſſurant que je jouis ici d'une ſanté des plus parfaites, & n'ai rien tant à deſirer que d'apprendre que la vôtre ſoit de même.

J'ai l'honneur de me dire avec la plus parfaite amitié,

Monſieur & ami,

Votre très-humble obéiſſant Serviteur & ami, C. D.

SEPTIEME LETTRE.

De Veniſe, le 25 Juin 1767.

MONSIEUR ET AMI,

J'AI cependant reçu de vous une réponſe à mes précédentes; il faut que vous trouviez bien de l'amuſement dans le Pays où vous êtes, puiſque vous êtes ſi négligent à répondre aux amis qui prennent autant de part que moi à ce qui vous regarde. Par votre lettre je vois avec peine que vous avez été la dupe d'un Banquier qui vous a associé avec lui. Je suis bien fâché de ne vous avoir pas écrit cette ruse dans une de mes premieres lettres; mais il est impossible de tout prévoir, & on ne peut écrire toutes ses idées en un jour, sur-tout sur cette matiere. Je vous apprendrai par la présente comment font les Joueurs de profession pour débanquer une Banque. Premierement, il faut qu'ils soient très-secrets dans leurs opérations, & ne communiquent leur pensée à personne, c'est le moyen de réussir, autrement les choses s'évaporent & réussissent rarement; mais c'est une chose que je ne peux pas vous apprendre par une lettre; car il y a un nombre infini de méthodes qu'on peut mettre en usage pour venir à ce but, & je commencerai comme il suit.

Artifices & Ruses dont se peuvent servir les Pontes, pour gagner avec sûreté les Banquiers qui donnent le Pharaon.

Les Pontes les plus adroits & les plus intelligens usent de divers moyens pour changer les cartes des Banquiers, & ces divers moyens ne sont qu'une subtilité qui consiste à prendre les cartes sur la table sur divers prétextes de ruse & de finesse, pour

pour y ſubſtituer à la place celles que l'on a marquées chez ſoi. Lorſqu'on ne voit pas de jour à les changer par la ruſe, ayant affaire à des Banquiers trop vigilans, il faut de néceſſité mettre de confiance celui qui fournit les cartes aux Banquiers, en partageant avec lui l'argent qui en réſulte, & je connois particulierement un homme chez qui on taille tous les jours, qui ne s'eſt jamais fait de ſcrupule de cela.

Après quoi, moyennant les marques qu'ils font & qu'ils reconnoiſſent dans les mains du Banquier, il leur eſt aiſé de le débanquer: il s'agit donc de vous apprendre la façon dont ils marquent les cartes, cela demande encore un long détail; car il y a bien des façons de les marquer: je commencerai donc à vous apprendre comment on marque les cartes, qu'on appelle en Italien Desbriſées, & en François Gliſſantes, & l'effet qu'elles font: cette ruſe fut inventée par un homme de mon pays, qui gagna par ce moyen pluſieurs millions pendant deux ans, ſans que perſonne ait jamais pu ſavoir ſon ſecret ni le connoître pendant le temps qu'il s'en eſt ſervi, & quand il a été découvert, on payoit alors juſqu'à mille ducats pour l'apprendre; à la vérité c'eſt un ſecret qui eſt aſſez fin, & qui ne marque aucunement les cartes, & cependant on peut le voir à quatre cartes ou à ſix lorſqu'elles viennent, & venant favorables pour les Pontes, alors ils mettent de grosses couches d'argent sur leurs cartes, & en très-peu de temps ils débanquent les Banquiers, eussent-ils cent mille ducats : exemple.

Je suppose que vous, qui êtes Ponte, avez envie de connoître toutes les Figures d'un Jeu, alors vous prendrez les 12 Figures d'un Jeu, & les frotterez par dessus ; c'est-à-dire, sur le blanc ou sur le tarotage avec du Savon de Venise bien sec, il faut faire cela sur un papier blanc, crainte de salir les cartes, après quoi il faut lisser les cartes avec un linge bien blanc afin qu'il ne reste sur les cartes aucunes taches dudit Savon ; cette opération finie, vous prendrez toutes les autres cartes du Jeu ; c'est-à-dire, les basses depuis l'As jusqu'au Dix que vous frotterez de même par dessus avec de la poudre de colofane bien pulverisée, après quoi les lisserez aussi avec un linge bien blanc, afin que les cartes ne s'attachent pas trop quand elles sont dans les mains du Banquier ; vous comprenez bien, que lorsque toutes ces cartes sont mêlées par le Banquier, qu'elles font un effet bien différent ; car naturellement, celles qui ont été frottées avec la colofane doivent tenir, & celles qui ont été frottées avec le Savon doivent glisser ; par exemple, lorsque le Banquier a donné à couper, si la sixieme carte de son Jeu est une Figure que vous avez frottée avec le ſavon, il eſt clair & conſtant que, lorſque le Banquier appuie ſur la premiere carte pour la détacher, les cinq premieres qui ſont au deſſus de cette figure ſe détachent tout de ſuite, & lorſque vous voyez que le Banquier n'a plus qu'une carte avant la Figure, vous couchez une groſſe ſomme ſur la Figure que vous gagné *ſonica*, & vous vous faites payer ou vous faites *Paroli* en couvrant votre carte juſqu'à ce que vous voyez le moment de la découvrir, qui eſt lorſque les autres Figures font le même effet; & ſi vous voulez faire le Sept & le Va, vous en agirez encore de même en couvrant & en découvrant votre carte à propos, & par ce moyen vous avez bientôt débanqué une Banque.

Il y a d'autres perſonnes qui en place de colofane ſe ſervent d'une compoſition; ils prennent deux onces de thérébentine de Veniſe, & une once de colofane qu'ils font fondre enſemble dans un petit pot de terre, & lorſque ces deux matieres ſont fondues enſemble, ils y mêlent un peu de poudre de criſtal, & mettent le tout dans des petites boîtes de bois, & les laiſſent refroidir; après quoi ils s'en ſervent pour frotter les cartes qui doivent s'attacher, ce qui fait le même effet que la colofane ſeule dont je viens de vous parler, & ceux qui ſe ſervent d'un de ces deux moyens y travaillent avec beaucoup d'attention pour éviter que le ſavon ou la colo:ane ne s'inſinue deſſous les cartes ; car alors elles feroient un effet tout contraire, & ils manqueroient leur coup, & perdroient leur argent au lieu d'en gagner à coup ſûr. En cas que ce ſoit vous qui tailliez & donniez le Pharaon, pour connoître ſi les cartes qu'on vous ſert ſont apprêtées pour vous faire dupe, vous en prendrez un Jeu dans votre main gauche & mettez le pouce deſſus en appuyant un peu fort comme pour ſéparer la premiere & la tirer; ſi vous voyez qu'elles coulent également l'une après l'autre, c'eſt une marque qu'elles ſont naturelles & ſans artifice; mais ſi au contraire elles ſe ſéparent de diſtance en diſtance en faiſant des ouvertures, prenez les cartes qui reſtent immédiatement les premieres après l'ouverture, vous les trouverez toutes de la même nature ; c'eſt-à-dire, toutes Figures, ou quatre Dix, quatre Sept, ou quatre As, &c.

Le temps ne me permet pas de vous en dire davantage aujourd'hui; mais je ferai enſorte de vous écrire quelque choſe par le premier Courier. En attendant, j'ai l'honneur de vous ſaluer, & celui de me dire avec un ſincere attachement,

Monſieur & ami, Votre très-humble obéiſſant ſerviteur & ami, D. S. P.

HUITIEME LETTRE.

De Venise, le 30 Juin 1767.

MONSIEUR ET AMI,

PAR la présente je continuerai à vous apprendre comme je l'ai fait par ma précédente, comment les Joueurs de profession debanquent les Banquiers; il y a divers moyens qui conduisent à ce but, & les plus fins sont les meilleurs ; je vais vous en marquer un qui est assez sûr, qui a été inventé pour débanquer une Banque à petits coups sans laisser le moindre soupçon au Banquier ; car avec les cartes glissantes, les Pontes sont obligés de faire de grandes couches; c'est-à dire, de mettre tout de suite gros sur leurs cartes pour réussir ; mais avec cette nouvelle méthode ils les débanquent à petits coups & doucement; c'est-à-dire, que si la Banque est composée de cent ducats, ils la débanquent en ne pontant pas plus d'un ducat sur chaque carte, en mettant sur la table cinq à six cartes à la fois, de façon que le Banquier, les Joueurs & les Spectateurs se flattent que telle personne qui tient toujours sur la table six cartes, & qui y met deſſus un poſte égal doit à la longue perdre tout ſon argent, & quand l'expérience leur fait voir le contraire, ils l'attribuent à un grand bonheur; & pour parvenir à ce but voilà de la façon dont ils s'y prennent.

Vous n'ignorez pas que par-tout & en tout lieu on fabrique deux eſpeces de cartes, qui ſont les unes blanches & les autres tarotées, par conſéquent je ſuis obligé de vous parler des unes & des autres, & pour vous mettre au fait je commencerai par les tarotées.

Si la Banque eſt conſidérable, & que les Pontes dont je vous parle voient qu'elle mérite bien la peine de faire des frais, ils font faire (hors de l'endroit où ils ont envie d'exercer leur talent) une planche de même que celle dont ſe ſervent les Cartiers, en donnant eux-mêmes le modele du tarotage qu'ils veulent que l'Ouvrier inculque dans ladite planche; & quand l'ouvrier leur a rendu cette planche, ils lui diſent qu'ils en ont encore beſoin d'une pareille, & lui donnent encore un autre modele qui eſt ſi ſemblable, que l'ouvrier croit que c'eſt le même, & cependant il differe, mais de bien peu de choſe.

Par exemple, je ſuppoſe que la planche qu'ils ont ordonné la premiere eſt un tarotage d'une petite étoile, ils l'ont fait faire de façon qu'il entre dans chaque carte ſept étoiles en travers, & le deuxieme modele qu'ils donnent à l'ouvrier pour leur faire cette ſeconde planche ils y font entrer huit étoiles. Je dis étoiles, vu que j'ai commencé à parler d'étoiles, car ils les font faire à carreaux, ou ſoleils, ſelon les cartes dont on ſe ſert dans l'endroit où ils veulent les mettre en uſage.

Quand ils ſont en poſſeſſion de ces deux planches qui ne différent comme je viens de vous le dire que d'une étoile, carreau, ou ſoleil, ils en portent une chez un Cartier avec ordre de leur faire cinq cens Jeux de cartes ſur cette planche; après qu'ils les ont reçues, ils en font faire encore cinq cens jeux ſur l'autre planche, ce qui leur produit 1000 jeux de cartes dont 500 ont une étoile, carreau, ou ſoleil en travers de la carte plus que les 500 autres jeux. Lorſqu'ils ont reçu ces 1000 jeux ils développent chez eux un jeu de la premiere eſtampe, où il n'a entré que 7 étoiles, carreaux, ou ſoleils, & un autre jeu de la ſeconde eſtampe où il en a entré huit, & de ces deux jeux ils en forment deux autres.

Par exemple, deux Pontes d'intelligence dont l'un s'appelle A & l'autre B ſe propoſent avec ces cartes de débanquer telle Banque: A dit à B, moi je ponterai toujours ſur l'As, Trois, Sept, Dix, Dame, & Roi, & B dit à A, je ponterai ſur le Deux, Quatre,

Cinq, Six, Huit, Neuf, & Valet, en conſequence tous deux enſemble prennent les quatre As, les quatre Trois, les quatre Sept, les quatre Dix, les quatre Dames, & les quatre Rois de la premiere eſtampe à ſept étoiles, carreaux, ou ſoleils, & forment le reſte du jeu de la ſeconde eſtampe qui eſt à huit étoiles, carreaux ou ſoleils, & font de telle façon autant de jeux de cartes qu'ils en ont beſoin, & les mettent en poche pour les introduire par les voies dont je vous ai déja parlé dans les endroits où on taille, ſoit Quartier général, Redoute, Académie ou College, & & quand elles ſont introduites ſur la table du Banquier, & qu'il vient à s'en ſervir, il eſt débanqué ſans reſſource de telle façon qu'il mêle, & qu'on coupe d'autant plus que A & B qui donnent un coup d'œil ſur les cartes, & qui voient que la premiere carte de deſſus eſt de la premiere eſtampe, par le moyen de la petite différence; alors B. met ſur la table le Deux, Quatre, Cinq, Six, Huit, Neuf & Valet, qui ſont de la ſeconde eſtampe, & A. fait Taille baſſe, c'eſt-à-dire, ne met point encore de cartes ſur la table, ſi au contraire la premiere carte eſt de la ſeconde eſtampe, A. met ſes ſix autres cartes ſur la table qui ſont l'As, Trois, Sept, Dix, Dame, & Roi, & B. fait Taille baſſe. Alors ſuppoſons que ce ſoit B. qui ait mis le premier ſes cartes ſur la table, & à chacune un ducat deſſus, & que le Banquier vienne à tirer la carte, & qu'il tire As, & Cinq, alors A. & B. donne un coup d'œil ſur les cartes, & s'appercevant que la carte d'en haut eſt encore de la premiere eſtampe B. fait *Paroli* au Cinq, & A. fait encore Taille baſſe, le Banquier tire encore deux cartes qui ſont ſept, & cinq, & B. qui gagne le *Paroli* ſur le Cinq ſe fait payer trois ducats, & s'appercevant que la carte d'en haut eſt de la ſeconde eſtampe B. retire ſon Cinq, & A. met toutes ſes cartes ſur la table qui ſont l'As, Trois, Sept, Dix, Dame, & Roi, le Banquier tire deux cartes qui ſont Deux, & Sept; A. qui gagne le Sept fait *Paroli* au même, mais s'appercevant que la carte qui eſt en haut eſt de ſon eſtampe, il couvre ſon *Paroli*, & ne le découvre que lorſqu'il voit que la carte d'en haut n'eſt pas de ſon eſtampe; B. en fait de même à tous ſes *Parolis*, & travaillant enſemble de cette façon juſqu'à la fin de la Taille, ſe faiſant toujours payer le Paroli lorſqu'ils le gagnent ſans faire Sept & Leva, & en pliant lorſqu'il vient doublet avec un ducat de maſſe, il eſt certain qu'ils gagneront dans chaque Taille chacun huit à dix ducats, de façon qu'une banque compoſée de deux cens ducats ſautera en vingt Tailles un peu plus ou moins. Ma lettre devient longue sans m'en appercevoir ; je vais quitter, & vous souhaiter une santé des plus parfaites. J'espere par le premier Courier vous écrire encore à ce sujet; ce qu'attendant, j'ai l'honneur de me dire avec un sincere attachement,

Monsieur & ami,

Votre très-humble obéissant serviteur & ami, D. S. P.

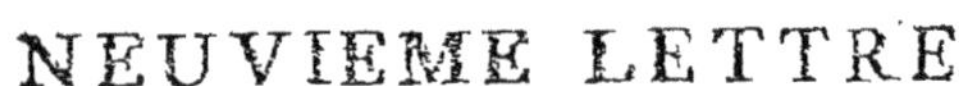

NEUVIEME LETTRE.

De Venise, le 5 Juillet 1767.

MONSIEUR ET AMI,

JE vous ai promis par ma derniere de vous écrire aujourd'hui ; je veux bien tenir ma parole ; mais mon temps ne me le permet guere ayant encore plusieurs lettres à répondre par ce Courier, & suivrai simplement ce que je vous ai marqué par ma dite derniere.

Si le jeu n'est pas d'assez grande conséquence pour faire la dépense des cartes dont je vous ai parlé, les Pontes achetent plusieurs Sixains de cartes tarotées, & en forment suivant leur idée deux régistres ;

c'eſt-à-dire, deux obſervations différentes; mais entre eux ils appellent cela régiſtre, ce qu'ils font comme je vais vous le dépeindre.

Je vous obſerverai donc que dans les cartes tarotées, il s'y trouve des marques naturelles, ſoit en long ou en haut des cartes en travers : je ſuppoſe que le tarotage ſoit un petit carreau ; ils cherchent dans un ſixain toutes les cartes où par hazard le Cartier a coupé le carreau dans le milieu le long de la gauche & de la droite, de façon que ces cartes que je ſuppoſe être compoſées de neuf carreaux entiers n'en ont que huit & deux demi; ſavoir, un demi de chaque côté, & huit dans le milieu de ces deux demi; toutes ces cartes ainſi aſſemblées leur ſervent d'un régiſtre, & les autres qui ont neuf carreaux naturellement leur ſervent pour l'autre régiſtre, & comme telles marques ſont bien viſibles à des gens du mêtier, alors ils forment des jeux de cartes avec ces deux régiſtres ou obſervations, & les introduiſent quand ils veulent débanquer une Banque, & y réuſſiſſent de même à la longue, comme & de la même façon que je vous l'ai marqué par ma précédente.

Il y a cependant des endroits où il n'y a point de cartes tarotées, & où on ne ſe ſert que de cartes blanches; alors ſi le Jeu eſt conſidérable pour en faire la dépenſe, ils font faire 1000 Jeux de cartes d'un papier plus blanc, & plus fin que celui dont ont coutume de se servir les Cartiers, & en les mêlant avec celles que les Cartiers ont coutume de fabriquer, ils en forment deux régistres, qu'ils connoissent parfaitement bien, à cause que les unes ont un degré de blancheur & de finesse plus que les autres; & si les cartes qu'on sert ordinairement sont bien fines, ils font faire les leur d'un papier un peu plus gros, & plus foncé en blancheur.

Je connois particulierement une personne qui se servit d'un autre moyen, lequel ayant remarqué que toutes les cartes blanches qu'on servoit dans le pays où il étoit, étoient faites de façon que les barres qui se trouvent au papier étoient sur toutes les cartes en travers; il en fit faire en ordonnant que les barres du papier se trouvassent en long; après les avoir reçus, il en forma deux régistres en les mêlant avec les autres, & par ce moyen gagna beaucoup d'argent, & vit présentement en Seigneur.

Si le Jeu n'est pas de conséquence, & ne vaut pas la peine de faire la dépense dont je viens de vous parler; alors ils prennent un Jeu de cartes blanches qu'ils frottent avec de la mine de plomb, ce qui rend les cartes un peu plus obscures & ombreuses, qu'ils distinguent bien d'avec les cartes naturelles ; ils en forment aussi deux régistres, & s'en servent à l'occasion, comme je vous ai déja dit des autres.

Je souhaite que mes instructions vous empêchent de tomber dans tous ces pieges, ce que j'apprendrai avec plaisir ; je me réserve à vous enseigner par ma premiere un secret qu'on a trouvé l'année passée pour débanquer une forte Banque, il est assez fin, & je me ferai un plaisir de vous l'indiquer, & vous verrez jusqu'à quel point va la ruse des Joueurs, pour attraper de l'argent.

J'ai l'honneur de me dire avec un sincere attachement,

Monsieur & ami,

Votre très-humble
obéissant serviteur &
ami, D. S. P.

DIXIEME LETTRE.

De Venise, le 15 Juillet 1767.

MONSIEUR ET AMI,

PAR ma derniere, je vous ai parlé d'un secret assez fin pour débanquer une Banque, je compte bien vous en mettre au fait aujourd'hui.

L'usage de ponter à carte couverte a été inventé par des gens méfians, qui craignoient que les Banquiers connoissant leurs cartes ne leur jouassent quelques tours, soit en filant la carte ou autrement; mais les Banquiers de profession trouverent d'abord le contrepoison de leur méfiance en marquant tous les livrets qu'on mettoit sur la table d'une certaine marque dont ils étoient convenus ensemble, soit avec des petits points ou autrement, de façon que quand ils tailloient ils connoissoient aussi bien la carte, quoique couverte, que celui qui l'avoit mise, & en filant la carte, ils gagnoient l'argent de celui qui l'avoit mise avec tant de précaution.

D'autres plus fins pour ponter prenoient une carte de carreau, en découpoient un carreau avec un canif ou autre instrument bien tranchant, & le gratoient bien une heure dessous, mais legérement jusqu'à ce qu'il ne reste plus que la couleur, & que ce petit morceau fut aussi fin, & aussi delié que la plus fine feuille de roses par les bords, & le frottoient en dessous avec un peu de savon de Venise, & le plaçoient à la carte du Six de carreau, de façon que du Six, ils en faisoient un Sept, & sur cette carte ils pontoient à carte couverte une grosse somme d'argent, & si le Sept venoit à gagner, ils faisoient voir au Banquier que leur carte étoit le Sept,

& se faisoient payer, & si le Sept venoit à perdre, & le Six à gagner, alors en retournant la carte, ils enlevoient subtilement avec le pouce cet œil postiche de carreau, & faisoient voir au Banquier qu'ils avoient le Six & se faisoient payer, par conséquent ils ne pouvoient manquer que de gagner ayant toujours deux cartes pour une, & faisoient cela au Six, au Sept, au Cinq, au Trois & au Deux; d'autres Joueurs trouverent le moyen d'une autre façon; ils prenoient un Trois de carreau & en ôtoient comme ci-dessus le carreau d'en bas; ils mettoient cette carte couverte sur la table avec le carreau qui manquoit en haut, & mettoient une grosse somme dessus; si le Trois venoit à gagner, en retournant leur carte par en haut, ils couvroient le blanc où manquoit le carreau avec le pouce, & faisoient voir au Banquier que la carte couverte étoit le Trois, & si l'As venoit à gagner, en retournant la carte par en bas, & en couvrant un carreau du pouce, ils faisoient voir au Banquier que la carte couverte étoit un As.

Mais il y a deux ans qu'on a trouvé ici un autre secret dont la finesse surpasse l'imagination; car ils font d'un Six un Sept, d'un quatre, un cinq ou d'un Neuf, un Dix, selon qu'ils le jugent à propos, sans être obligé de mettre leurs doigts sur la carte, & même lorsqu'ils doivent montrer la carte au Banquier ; ils la prennent par les deux côtés avec une délicateſſe infinie afin que le Banquier ne puiſſe avoir aucun ſoupçon ; l'opération en eſt très-fine, & moi-même j'en ai été la dupe malgré la grande pratique que j'ai des ruſes de tous ces Meſſieurs-là : oui, mon ami, j'ai perdu par l'adreſſe d'un Allemand, qui pontoit contre moi, le carnaval paſſé, 5000 ducats de ma portion, & ſans un de mes amis qui s'apperçut que cet Allemand avoit mis 100 ducats ſur le Sept, qui perdit & qu'au contraire il ſe fit payer ſur le 6 qui gagna, lequel m'avertit de cela & ſans ſon avis, je crois que j'aurois perdu tout ce que je poſſede. Cet Allemand ſçut que j'avois été averti de ſes tours, il eut peur d'être obligé à reſtitution & partit le lendemain ; & ſans doute par précipitation il laiſſa dans ſa chambre au chevet de ſon lit un étui où il y avoit huit cartes dedans, mais fait exprès, pour que les cartes ſoient droites & ne touchent à rien que par les bords, & toutes ces cartes avoient un œil volant ; par exemple, dans le Huit de trefle il y avoit un œil dans le milieu du bas de la carte, qui étoit formé d'une poudre volante ; & la plaçant ſur le tapis de la table, ſi le Huit vint à gagner, il leve légerement ſa carte & fait voir que c'eſt un Huit, au contraire ſi le Sept vint à gagner, il frotte un peu

peu sa carte sur le tapis, & au moyen de ce frottement, elle se trouve être un Sept, la poudre restant sur le tapis, ce qui devient invisible étant très-peu de chose; il faisoit cela au Sept, au Huit, au Quatre & au Six, ce qui lui donnoit un avantage bien grand, puisqu'il jouoit presque à coup sûr; après avoir donc perdu environ 5000 ducats pour ma part, j'ai eu le plaisir de découvrir ce secret, & par l'amitié que je vous porte, je ne veux pas que vous l'ignoriez non plus que la composition de cette poudre volante, qu'on conserve dans une phiole de verre.

Pour faire cette poudre, il faut prendre des boutons noirs, de la composition d'Angleterre, qui est d'ambre brûlé; on les pile bien fin dans un mortier, & après on passe cette poudre par un tamis de soie le plus fin qu'on puisse trouver, de façon qu'il faut que ladite poudre soit aussi fine que le tabac d'Espagne; après quoi, ils prennent un As de pique ou de trefle, & avec un canif ou autre instrument bien coupant, ils enlevent bien adroitement l'œil d'une carte, & cette carte trouée leur reste pour former d'autres cartes; & lorsqu'ils veulent former une autre carte, ils prennent, par exemple, le Six de pique, si la forme trouée est en pique, ou un Six de trefle si la forme trouée est en trefle, & frottent ce Six avec du savon de Venise;

& après l'avoir nettoyé avec un linge bien propre pour en ôter le superflu & la rendre égale, ils le frottent encore un peu avec du gras de mouton fondu & refroidi, qui est blanc comme la neige, & aprés plaçant la forme du pique ou de trefle sur le Six à la place de l'œil qui forme le Sept, ils font tomber par le trou la poudre en question & ôtent la forme adroitement, ainsi que le superflu de la poudre qui est restée sur la carte; après quoi ils passent un verre bien uni sur l'œil postiche pour l'appuyer davantage, & nettoyant bien le tour avec un canif afin qu'il soit bien comme les autres; ensuite ils placent cette carte dans un étui fait exprès, afin que l'œil postiche ne touche à rien, & ils s'en servent lorsqu'ils en trouvent l'occasion en plaçant leur carte sur le tapis un peu cambrée pour que le noir ne touche point le tapis. Voilà la façon dont j'ai été attrapé moi-même; je vous le donne ici pour exemple, afin que vous ne tombiez pas dans le même cas lorsque vous donnerez le Pharaon.

Par ma premiere, je vous dirai encore autre chose sur les malices qu'on peut vous faire lorsque vous taillerez. En attendant, j'ai l'honneur de vous saluer, & celui d'être très-sincerement,

Monsieur & ami, Votre très-humble obéissant serviteur & ami, D. S. P.

ONZIEME LETTRE.

De Venise, le 25 Juillet 1767.

MONSIEUR ET AMI,

AUJOURD'HUI je vous écrirai brievement, & vous parlerai seulement d'une opération aussi fine que hardie dont se servent les Joueurs de profession pour débanquer une Banque, & vous verrez jusqu'à quel point ces Messieurs-là poussent l'effronterie : deux Pontes d'intelligence prennent six cartes neuves de la même fabrique que celles dont le Banquier se sert, qui sont par supposition arrangées comme il suit, la Dame, le Deux, l'As, le Cinq, le Huit & le Trois ; vous remarquerez que de ces six cartes, le Deux, le Cinq & le Trois doivent gagner & par contre la Dame, l'As & le Huit perdre; un de ces deux Pontes tient ces six cartes dans sa main droite, & dans le talon de la main, couvertes par des manchettes longues, faites exprès, & les tient là jusqu'à ce qu'il trouve occasion de couper, ce qui vient promptement, car ordinairement les Banquiers donnent à couper par préférence à ceux qui pontent gros, & lorsque le Banquier leur présente à couper, ils coupent les cartes de long avec les doigts de la même main, & en posant la moitié des cartes qu'ils ont coupé en avant sur la table, ils laissent tomber adroitement les six cartes qu'ils ont dans le talon de la main sur la seconde moitié des cartes, & comme cette seconde moitié doit revenir dessus ils sont sûr que les six premieres cartes du jeu sont Dame, Deux, As, Cinq, Huit & Trois; alors celui qui a coupé commence à mettre vingt ducats sur la Dame, & son associé en met cent sur le Deux; le Banquier tire les deux premieres cartes qui se trouvent être Dame & Deux : celui qui a coupé qui se voit perdre vingt ducats, *Sonica*, jure contre sa coupe, & son associé qui gagne cent ducats sur le Deux fait *Paroli* des cent ducats sur le cinq avec cent ducats de masse, & celui qui a coupé prend une autre carte qui est l'As, mettant cinquante ducats dessus & jurant contre son malheur; le Banquier tire deux autres cartes qui se trouvent être As & Cinq : le Coupeur qui perd encore l'As, *Sonica*, jure comme un démon, déchire son livret en mille morceaux, prend effrontément un jeu de cartes sur la table du Banquier en le regardant avec des yeux menaçants, & met en fulminant contre le Banquier, cent ducats sur le Huit; pendant ce temps-là son associé, qui a gagné son *Paroli* de cent ducats & cent ducats le maſſe, fait un Sept & Lèva des cent ducats; *Paroli* des cent ducats de maſſe, & maſſe du reſte de la Banque, le tout ſur le Trois; le Banquier tire les deux autres cartes qui ſe trouvent être Huit & Trois. Alors voilà bien du tapage, notre Coupeur qui perd ſes trois cartes, *Sonica*, jure comme un démon, écume comme un enragé, déchire les cartes & arrache même les cartes des mains du Banquier, les mange & déchire avec les dents, diſant faut-il que je ſois né pour être ſi malheureux, fulmine contre le Banquier & même contre les Pontes, & ſort de la maiſon, en jurant contre tout le monde & contre lui-même; mais ſon aſſocié qui a gagné le Trois, ramaſſe paiſiblement tout l'argent de la Banque & va rejoindre ſon aſſocié pour le partager, & le Banquier après avoir perdu ſon argent eſt encore content de ſe voir débarraſſé de ce furieux Ponte qu'on appelle fou, & qui cependant comme vous voyez ne l'eſt pas. Si cependant ils ont la commodité de changer les cartes au Banquier, ils ne font pas tant de tapage, parce qu'ils ôtent ſix cartes de chaque jeu; & ce tapage ne ſe fait que pour arracher, par un prétendu dépit, les cartes des mains du Banquier, crainte qu'il ne les compte, & n'en trouve cinquante-huit au lieu de cinquante-deux; mais ſi auparavant ils ont ôté ſix cartes de chaque jeu, alors en coupant ils remettent les six cartes qui manquent sur la derniere moitié, & ils débanquent le Banquier sans tapage, parce que si ledit Banquier compte les cartes il les trouve bien justes.

Voyez présentement de quoi sont capables ces Messieurs-là pour attraper de l'argent; cependant par-tout on en trouve de cette espece, que l'on nomme poliment Chevaliers d'industrie, & il n'y a guere de compagnies de Jeu où il ne s'en trouve quelqu'un, qui ait eu l'esprit de s'y faire introduire par quelqu'un de ceux qui forment la societé, soit en flattant, ou se disant de quelque bonne maison : j'espere cependant que par les lumieres que je vous ai données jusqu'à ce jour, vous en saurez faire la distinction d'avec les autres. Je le souhaite, & ai le plaisir de me dire avec une sincere amitié,

Monsieur & ami,

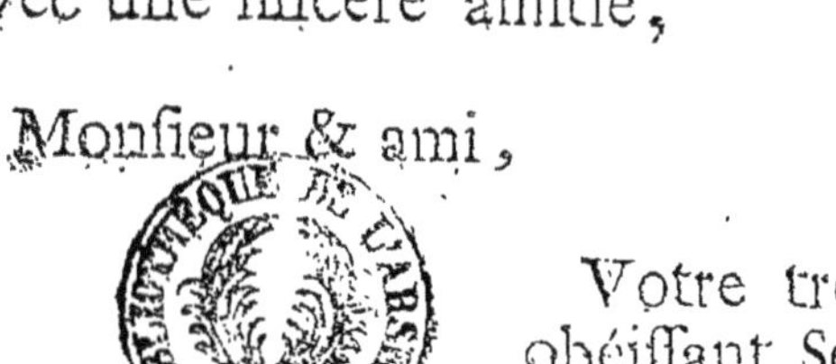

Votre très-humble obéissant Serviteur & ami, D. S. P.

DOUZIEME LETTRE.

De Venise, le 10 Août 1767.

MONSIEUR ET AMI,

JE crois présentement vous en avoir assez dit au sujet du Pharaon, l'expérience vous mettra au fait de ce que je pourrois vous dire de plus, vous ayant démontré assez précisément les artifices dont peuvent se servir Messieurs les Joueurs de profession pour gagner l'argent des innocents, soit en tenant la Banque de Pharaon, soit en pontant; mais comme je sais que l'amusement du jeu est dans votre intérieur une passion dominante, de laquelle il ne vous est pas aisé de vous défaire, vû que vous vous trouvez presque tous les jours dans des compagnies où il faudroit passer pour incivil si on ne faisoit comme les autres, & où très-souvent aussi on ne peut refuser ceux ou celles qui invitent à la partie: cependant, mon cher ami, je ne puis m'empêcher de vous dire qu'une expérience de cinquante ans m'a fait remarquer, que généralement tous ceux qui pontent au Pharaon sont dupes & ennemis de leur argent, quand même ils ponteroient contre des Banquiers qui n'y entendent aucune finesse & qui feroient les plus honnêtes gens du monde, il faut à la longue qu'ils se ruinent entierement, ou qu'ils quittent avant leur ruine entiere, parce que le Jeu de Pharaon n'est pas égal; les Banquiers ont trop d'avantage sur les Pontes, soit pour les doublets qui tombent naturellement dans chaque taille, par lesquels les Banquiers tirent la moitié de l'argent qui est sur les cartes, soit pour la derniere carte qu'ils montrent pour ne pas la payer; de plus, si le hazard veut que quatre As, quatre Deux ou quatre Trois, &c tombent en faveur des Pontes, ils n'en font aucun usage, & ne les poussent pas; aussi tous les Pontes doivent absolument succomber.

Par exemple, fournissez-moi une société de dix personnes, & qu'un chacun d'eux ait une bourse de mille pistoles, & qu'un des dix donne journellement le Pharaon aux neuf autres pendant un mois, le Banquier est sûr qu'au bout dudit mois il aura gagné les neuf mille pistoles des autres, les uns auront un peu plutôt fini, & les autres un peu plus tard; mais certainement il aura tout gagné, & même sans aucunes tromperies; nous en avons l'expérience en cette Ville, dans laquelle il vient douze à quinze mille personnes tous les ans pour jouir des divertissemens du Carnaval, avec des bourses bien remplies d'or;

de toutes ces perſonnes, celles qui tombent à la Redoute, & qui croient en pontant faire leur fortune, perdent juſqu'à leur dernier ſol & s'en retournent accablés de dettes : de plus, on voit ici tous les jours des compagnies compoſées de jeunes gens qui croient s'amuſer en pontant douze ſols ou un demi florin ſur chaque carte, contre trois ou quatre perſonnes aſſociées enſemble pour leur donner le Pharaon, & au bout de quelques mois, ces jeunes gens ſe trouvent avoir perdu tout leur argent & même leurs effets, ce qui les met dans la néceſſité de faire des dettes, & très-ſouvent des baſſeſſes qui les obligent de quitter leur Patrie en y laiſſant une très-mauvaiſe réputation ; & au contraire ces trois ou quatre aſſociés vivent dans la débauche, font des dépenſes extraordinaires, tant dans de mauvais lieux, que dans la maiſon où ils ont coutume d'exercer leur talent, paient les cartes généreuſement, ce qui monte à des ſommes conſidérables, & avec cela raccommodent encore les affaires de leur maiſon ; ainſi je crois que ces exemples doivent vous faire voir clair l'avantage des Banquiers, fuſſent-ils les plus honnêtes gens du monde.

De ces éclairciſſements, je me flatte de vous imprimer une haine éternelle pour ponter au Pharaon; car c'eſt un jeu où vous ne pouvez jamais gagner, & pour rattraper l'argent que vous avez perdu, il faut tout au contraire, lorſque vous vous trouverez par politeſſe obligé de faire quelque partie dans les maiſons, que vous avez coutume de fréquenter, donner vous-même le Pharaon, ou vous aſſocier avec d'honnêtes gens qui le donnent, & alors vous vous appercevrez de la réalité de mes conſeils, en retirant petit à petit l'argent que vous avez hazardé mal à propos à un jeu où il n'y a point d'égalité. Je ſouhaite que vous jouiſſiez toujours d'une ſanté des plus parfaites, & que vous vous reſſouveniez long-temps de cette lettre; car c'eſt la plus profitable que je vous puiſſe écrire pour vos intérêts.

Par l'ordinaire prochain je vous écrirai touchant le Jeu de la Baſſette, ou autrement dit le Stoſe.

En attendant, j'ai l'honneur de me dire avec une ſincere amitié,

Monſieur & ami,

Votre très-humble obéiſſant Serviteur & ami, D. S. P.

TREIZIEME LETTRE.

De Venise, le 15 Août 1767.

MONSIEUR ET AMI,

JE vous ai promis par ma derniere de vous instruire des artifices dont les Joueurs de profession se servent lorsqu'ils donnent la Bassette, ou autrement dit le Stose; je vais y satisfaire afin que, si dans vos voyages vous vous trouvez dans un Pays où ce Jeu soit en vogue & que vous soyez obligé par complaisance de ponter, vous puissiez vous défendre de leurs ruses. Vous savez qu'on donne la Bassette comme le Pharaon & qu'on y ponte de même, avec la différence que le Banquier après avoir mêlé les cartes fait sa coupe lui-même, en prennant avec la main droite une carte de dessus ou de dessous, qu'il fait entrer dans le jeu de cartes qu'il tient de la main gauche, à la place qu'il lui plait, moitié dehors & moitié dedans; & après que les Pontes ont mis l'argent sur leurs cartes comme l'ont fait au Pharaon, ledit Banquier avec la main droite prend les cartes qui sont au dessus de la carte qu'il a passé dans le jeu pour couper, & les passe dessous, de façon que ladite carte qui a fait la coupe reste en haut, après quoi ils les retournent toutes ensemble la couleur tournée vers le ciel; la premiere carte est celle du Banquier, la seconde celle du Ponte, la troisieme celle du Banquier, & la quatrieme celle du Ponte, ainsi des autres jusqu'à ce que toutes les cartes que les Pontes ont mises soient sorties; mais à ce jeu il n'y a point de *Paroli* ni de doublets; car si le Banquier tire Dame & Dame, il ne fait point plier comme au Pharaon, mais ramasse tout l'argent qu'il y a sur la Dame; ainsi comme ce Jeu est tout différent du Pharaon, & qu'on n'y peut faire de *Paroli*, il faut aussi ponter différemment qu'au Pharaon. Par exemple, si j'entre dans un endroit où on donne la Bassette, je décide en moi-même mon gain ou ma perte: je suppose que je sois décidé à gagner ou à perdre 100 ducats, je commence à mettre un ducat sur l'As, si cet As me vient favorable je me fais payer un ducat, & à l'autre Taille je mets deux ducats sur l'As, si elle me vient encore favorable je me fais payer, & à la troisieme Taille voyant que l'As est une carte favorite pour moi, je mets dessus les 103 ducats que je suis décidé de perdre, si elle me vient encore favorable je la suis toujours avec de grosses couches, jusqu'à ce qu'elle vienne contre moi & à la faveur du Banquier, ce qui arrivant mon Jeu est fini & je me retire ; & si au contraire lorsque j'ai mis les 103 ducats sur ledit As, il vient à perte pour moi, mon Jeu est aussi fini. Voilà de la façon dont il faut ponter à ce jeu-là, parce qu'un Banquier subtil qui remarque mon jeu, & qui voit que l'As m'a été deux ou trois fois favorable, fait attention combien de cartes il met sur le même As que j'ai gagné, & supposons qu'à la fin de la Taille il soit tombé neuf cartes sur l'As, en mêlant les cartes, il la laisse la derniere en dessous regardant la terre, & y met encore deux cartes par dessus, après quoi il prend avec la main droite la moitié du jeu de cartes qui est en haut, & la passe dessous, mais de façon que ces deux paquets soient partagés par un peu de chair qui touche le second doigt & la paume de la main gauche ; & sentant, & même voyant cette petite ouverture que fait ce peu de chair, il y fait adroitement entrer la carte avec qui il coupe, & pour lors les cartes sont comme auparavant ; & lorsqu'il commence la Taille je perds mon As, qui est la troisième carte, & le tout par son adresse.

Par le Courier prochain je vous écrirai encore à ce sujet, n'ayant pas le temps de vous en dire davantage aujourd'hui.

J'ai l'honneur d'être avec attachement,

Monsieur & ami, Votre très-humble obéissant Serviteur & ami, D. S. P.

QUATORZIEME LETTRE.

De Venise, le 20 Août 1767.

MONSIEUR ET AMI,

QUoique je n'aie pas grand temps à moi aujourd'hui par diverses affaires qui me sont survenues, & qui m'obligent d'aller en campagne pour un mois, cependant je vais continuer comme je vous l'ai promis à vous instruire des faussetés qui se commettent au Jeu de la Bassette. Il y a des Banquiers qui, après avoir donné le Pharaon, donnent la Bassette pour enlever le peu d'argent qui reste aux Pontes, & le font de la façon suivante; ils rangent auparavant chez eux un Jeu de cartes sur une table, les posant de façon que la couleur regarde la table, ainsi qu'il suit: savoir,

Dame & Dame.	Sept & As.
Six & Dame.	Dix & Trois.
Huit & Huit.	Roi & Sept.
As & Dame.	Valet & Dix.
Neuf & Six.	Deux & Dix.
Trois & Huit.	Quatre & Valet.
	Cinq & Roi.

Ensuite, ils font un petit pli à la premiere Dame, à la corne droite, qui regarde le ciel, & un autre petit pli à la seconde Dame aussi à la corne droite; mais qui regarde la terre, de façon que ces deux petits plis sont opposés l'un de l'autre; ils prennent de même deux Cinq & leur font les deux mêmes plis opposés, & les placent après les deux Dames, de sorte que le premier Cinq qui regarde la table ait son pli, qui regarde le ciel, & le second Cinq son pli tourné vers la table; ils en font de même aux deux Quatre; après quoi ils plient ces cartes comme si elles n'avoient jamais été depliées, & les plaçent sur la table où ils ont coutume de donner le Pharaon, pour s'en servir comme d'un jeu tout neuf lorsqu'ils quittent le Pharaon pour donner la Bassette: alors ils prennent ces cartes rangées, & les mêlent en apparence, donnant un coup d'œil pour voir où sont les petits plis qu'ils ont fait; alors ils coupent à la même place, & naturellement doivent couper sur le premier Cinq, sur le premier Quatre, ou sur la premiere Dame, à cause de l'opposition des petits plis, & commençant la Taille ils gagnent toutes les treize cartes depuis l'As jusqu'au Roi, & ramassent tout l'argent qui est sur les cartes sans en perdre une seule; & en taillant ils font tomber les cartes deux à deux sur la table, afin qu'après la Taille elles se trouvent encore rangées de la même façon, & en deux ou trois Tailles, tous les Pontes restent sans un sol, & ne gagnent pas une seule carte comme vous pouvez le remarquer par l'exemple ci-dessus.

Lorsque je serai de retour de la campagne, je vous écrirai un autre moyen dont les Joueurs se servent pour gagner presque toutes les cartes des Pontes à la Bassette.

En attendant, je vous souhaite beaucoup de bonheur, & ai l'honneur de me dire avec un sincere attachement,

Monsieur & ami,

Votre très-humble obéissant
Serviteur & Ami, D. S. P.

QUINZIEME LETTRE.

De Venise, le 30 Septembre 1767.

MONSIEUR ET AMI,

PRESENTEMENT que je suis de retour de la campagne, où je me suis bien amusé malgré les affaires qui m'y conduisoient, je vais comme je vous l'ai promis par ma derniere, vous indiquer encore un autre moyen dont les Joueurs de profession se servent pour attraper l'argent des Pontes au Jeu de la Bassette, soit en prenant la carte

carte favorite de quelque Ponte, ſoit en rangeant les cartes chez eux avec les deux plis oppoſés pour les prendre toutes comme je vous l'ai déja marqué par ma derniere au ſujet de ce jeu.

Je vous apprendrai donc par la préſente la façon dont ces Meſſieurs ſe ſervent pour réuſſir avec plus d'aiſance & moins de ſoupçon ; ils prennent chez eux un jeu de cartes neuves, & les arrangent de la façon ſuivante, la couleur regardant la table.

Exemple.

Valet	Deux	Roi	Dix	Deux
Six	Neuf	Dame	Valet	Dame
Sept	Cinq	Six	Neuf	Cinq
Huit	Trois	Quatre	Sept	Quatre
Dix	As	Huit	Trois	As
Valet	Deux	Roi	Dix	Roi
Neuf	Dame	Valet	Deux	Dame
Sept	Cinq	Six	Neuf	Six
Trois	Quatre	Sept	Cinq	Quatre
Dix	As	Huit	Trois	Huit
			As	Roi

Après avoir fait cet arrangement, ils les enveloppent proprement dans le même papier, & les changent avec les cartes que le maître de la maiſon a coutume de leur donner, & dès qu'ils trouvent l'occaſion de s'en ſervir, ils les prennent, & font ſemblant de les bien mêler ; mais cependant ils les mêlent de façon que rien ne dérange leur arrangement, ce qu'ils font ordinairement en faiſant paſſer trois ou quatre fois la moitié du jeu deſſous, & de cette façon elles reſtent toujours dans la même ſituation, & enſuite ils prennent une carte non pas de leur jeu, mais la premiere venue qui ſe trouve ſur la table, ſoit d'un Ponte ou autrement, parce que s'ils la prenoient de leur jeu, cela dérangeroit leur arrangement, & cette carte ils l'introduiſent dans le milieu du jeu pour faire la coupe, & même ils la mettent ou le hazard l'a conduit, parce que la mettant à peu près dans le milieu du jeu cela ne dérange rien ; & après cette coupe faite ils remettent cette carte ſur la table où ils l'avoient priſe, & retournent les cartes la couleur regardant le ciel, & commençant la taille par les premieres deux cartes, ils mettent ces deux mêmes cartes ſur la table la couleur regardant la table, & continuent de même juſqu'à ce que toutes les cartes des Pontes ſoient ſorties, & n'oublient pas de placer toujours les deux cartes qu'ils tirent l'une ſur l'autre comme les deux premieres, & lorſque les Pontes n'ont plus des cartes, ce qu'il leur reſte du jeu dans la main gauche, ils le placent ſur les autres, qui ſont ſur la table, afin de ne pas gâter l'arrangement, & de ſe ſervir des mêmes cartes autant de fois qu'ils le jugeront à propos, en répétant toujours la même opération ; & avec cet arrangement, les Banquiers sont sûrs & certains de gagner onze cartes, des treize que les Pontes peuvent mettre, & les Pontes n'ont en tout pour eux que deux cartes; & je suppose que la compagnie soit composée de 13 jeunes gens, & qu'un chacun d'eux prennent une carte; c'est-à-dire, l'un un As, le second un Deux, le troisieme un Trois, le quatrieme un Quatre ainsi des autres, & mettent chacun un ducat sur leur carte, le Banquier leur gagnera onze cartes, & ces jeunes gens n'en gagneront que deux; par conséquent le Banquier aura neuf ducats de bénéfice chaque Taille, quoique la coupe ait semblé aux Pontes faite au hazard. Je n'ai plus rien à vous dire sur ce jeu sinon que vous voyez bien par ces exemples démontrés, & dont vous pouvez faire la preuve, que si les Pontes sont la dupe des Banquiers innocents & honnêtes gens qui donnent les Pharaon, ils les sont doublement de ceux qui donnent la Bassette, ou autrement dit le Stose, à cause de l'inégalité du jeu, parce que si les Pontes au Pharaon ont une carte qui vienne en doublet, ils ne perdent que la moitié de leur couche; mais à ce jeu ils perdent tout: c'est pourquoi je vous conseille derechef de ne jamais ponter au Pharaon, & encore moins à la Basette, car ce sont des jeux où on peut appeller les Pontes imbeciles ou fous;

mais au contraire, lorſque vous en trouverez l'occaſion, tâchez de vous aſſocier aux Banquiers, & vous pouvez être ſûr d'y trouver votre profit.

Par ma premiere je vous parlerai du jeu de la Zechinette, ou autrement dit le Lanſquenet, qui eſt en vogue dans le Pays où vous êtes; c'eſt pourquoi j'eſpere que mes inſtructions ſur ce jeu pourront vous être utiles, & vous garantir des artifices qui ont été inventés pour la ruine & la perte entiere de la jeuneſſe : je ne vous écrirai cependant plus que je n'aie reçu de vos nouvelles, dans la crainte que vous ne ſoyez plus à P.... Ce qu'attendant, j'ai l'honneur de vous ſaluer, & celui de me dire avec un ſincere attachement,

Monſieur & ami,

Votre très-humble obéiſſant ſerviteur & ami, D. S. P.

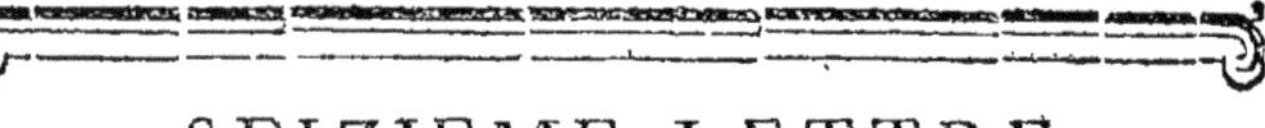

SEIZIEME LETTRE.

De P..... le 23 Octobre 1767.

MONSIEUR ET AMI,

J'AI bien reçu en ſon temps votre derniere lettre, ainſi que les précédentes. Je vous ſuis infiniment obligé de m'avoir appris les artifices dont ſe ſervent les Chevaliers d'induſtrie en donnant la Raſſette, & ne puis trop vous remercier de vos inſtructions, qui m'ont déja garanti pluſieurs fois des pieges que m'ont tendu ces Meſſieurs-là, entr'autres, je ne veux pas vous en cacher un qu'on m'a tendu il y a environ un mois; il eſt aſſez fin, & ſans vos avis ſalutaires, je ſerois tombé dans le panneau, & aurois perdu tout ce que je peux poſſéder, & peut-être encore obligé de retourner chez moi accablé de dettes pour faire la fable de mes compatriotes: en vérité, vos leçons m'ont été bien profitables; car les Chevaliers d'induſtrie ſont innombrables dans tous les Pays, & il faut avoir été à votre école pour les connoître; mais je m'écarte ſans y penſer de l'hiſtoire que je veux vous raconter.

Il y a environ un mois, qu'un ſoi-diſant Marquis prit la liberté de venir chez moi ſans ſe faire annoncer, & ſe préſenta devant moi avec un air aiſé & dégagé comme s'il eut été un de mes plus intimes amis, en me diſant qu'ayant voyagé en Italie, il avoit reçu des Italiens, des politeſſes infinies & ſans nombre, & que par contre il étoit réſolu de rendre la pareille à tous les Italiens qu'il ſauroit être dans ſon Pays; & que comme on lui avoit dit que j'étois de cette nation, il venoit m'offrir tous les ſervices qui dépendoient de lui; Je crus effectivement véritable tout ce qu'il me disoit, & lui fis toutes les civilités dues à un Marquis que je croiois aussi honnête homme que poli.

Après avoir passé une demie heure de temps avec lui à parler des choses indifférentes, il me pria de vouloir bien lui accorder une heure de l'après-midi pour jouir, disoit-il, avec moi du plaisir de ma conversation, & de celui de la promenade; j'y consentis, & lui promis de me rendre à cinq heures à.... à l'heure dite; je m'y rendis, & y trouvai déja Monsieur le Marquis, & après les compliments ordinaires de la rencontre, nous nous promenâmes bien deux heures, après quoi il me demanda si je serois d'humeur d'aller passer la soirée chez une Baronne de sa connoissance fort aimable, où nous trouverions bonne compagnie, à laquelle il me présenteroit comme un de ses amis; moi qui ne suis pas ennemi du plaisir, j'y consentis aisément, & lui en marquai même ma reconnoissance, en lui faisant voir qu'il ne pourroit me faire un plus grand plaisir. Nous prenons donc le chemin de l'Hôtel de Madame la Baronne à qui je fus présenté, elle me reçut assez noblement; sa compagnie étoit composée d'une douzaine de Messieurs très-galamment mis, lesquels chacun à leur tour me firent mille complimens; quelque temps après on nous servit un souper assez honnête, à la fin duquel on commença à parler de Jeu ; Mde la Baronne m'invita à faire une partie de Berlan avec un certain Monſieur le Chevalier ; mais comme je ne ſais pas ce jeu-là, je m'excuſai de cette partie, & la Baronne m'invita derechef de donner le Pharaon pour amuſer toute la compagnie; cette propoſition jointe aux conſeils que vous m'avez donné par votre expérience, me fit accepter la partie. On prépara la table avec 6 jeux de cartes que Madame la Baronne eût elle-même la complaiſance de prendre dans une armoire; alors, prenant ma place, je ſortis de ma poche tout l'or que j'avois ſur moi, qui montoit bien à 500 louis d'or ; enſuite, j'ouvre un jeu de cartes, & faiſant l'eſſai que vous m'avez appris, je m'apperçus qu'elles étoient gliſſantes ; c'eſt à dire que toutes les Figures étoient frotées de ſavon de Veniſe pour me débanquer; alors, je poſai ces cartes ſur la table, & j'en pris un autre jeu que je trouvai comme les premieres; enfin, je pris & viſitai les quatre autres jeux que je trouvai tous de même. Après ces remarques, je demandai poliment & d'un grand ſang froid à Madame la Baronne ſi je ne pourrois point avoir d'autres cartes, elle me répondit que non ; en ce cas, lui répondis-je, je ne taillerai pas, & ſans compliment je remis mes louis dans ma bourſe, fis ma révérence à Madame la Baronne ainsi qu'à Monsieur le Marquis, & à toute la compagnie, & pris le chemin de chez-moi, où je m'amusai à faire mes réflexions sur l'industrie de mon soi-disant Marquis & de Madame la Baronne, qui auroient bien partagé mes louis d'or sans les instructions que vous m'avez donné, & que je n'oublierai jamais, étant bien résolu présentement de ne me fier à personne; car quelques jours après cette histoire, j'appris par hazard que Madame la Baronne étoit une fille de galanterie, & le Marquis un Chevalier d'industrie.

Je vous prie de m'envoyer, sitôt que vous aurez reçu la présente, quelques éclaircissemens sur le Lansquenet; car ce jeu est beaucoup en vogue ici dans toutes les bonnes compagnies, & je serois charmé d'en savoir les artifices pour m'en garantir dans l'occasion.

J'espere cette grace de vous & celle de me croire avec la plus vive amitié,

Monsieur & ami,

Votre très-humble
obéissant Serviteur &
ami, C. D.

DIX-SEPTIEME LETTRE.

De Venise, le 30 Novembre 1767.

MONSIEUR ET AMI,

J'AI bien reçu votre lettre, par laquelle je vois que vous êtes encore à P... & que vous ne parlez pas d'en partir encore sitôt.

Je vais donc suivant vos desirs vous apprendre par la présente comment les Joueurs de profession attrapent l'argent de ceux qui jouent le Lansquenet.

Le Lansquenet est un jeu où l'on peut perdre & gagner des sommes considérables; c'est pourquoi il faut que je vous l'apprenne à fond, afin que vous en puissiez mieux découvrir les artifices. On joue à ce jeu plusieurs personnes, dont un est celui qui le donne; c'est-à-dire, qui tient la main, & tous les autres pontent sur les cartes qui sortent. Supposons donc que ce soit Pierre qui tienne la main, il mêle les cartes & les met sur la table, cela veut dire à ceux qui ont envie de jouer qu'ils les mêlent chacun à leur tour s'ils le veulent; & après que les cartes ont été mêlées par un ou plusieurs de ceux qui forment le jeu; alors Pierre reprend ces mêmes cartes, & remêle de nouveau, & fait couper à qui bon lui semble, même à quelqu'un de la compagnie qui ne joue pas sans qu'on puisse lui rien dire. Lorsqu'on a coupé, tous les Joueurs mettent une certaine somme d'argent sur la réjouissance; c'est-à-dire, sur la quatrieme carte que Pierre tire & découvre; alors celui qui tient la main; c'est-à-dire, Pierre, que je nommerai présentement le Banquier, est obligé de coucher autant d'argent que les Pontes en ont mis sur chaque carte; on appelle cela couvrir, & en supposant que tout l'argent qui roule dans la compagnie qui joue monte à 100 louis d'or, il y en a au moins seize ou vingt d'engagés sur la réjouissance avant qu'on sache qui elle sera, tout cet argent couvert, le Banquier qui tient ses cartes dans sa main gauche, en tire les deux premieres, & les découvrant, il les place devant celui qui doit tenir la main après lui, suivant la convention de tous les Joueurs, & ces deux cartes s'appellent cartes de la main; ensuite il tire la troisieme carte & la place devant lui, étant celle qui décide de la perte ou du gain dudit Banquier: supposons donc que cette troisieme carte soit un Roi, après il tire la quatrieme que nous supposons encore être un Dix, & place ce Dix sur tout l'argent qui a été engagé sur la réjouissance; car cette quatrieme carte s'appelle toujours la réjouiſſance, & voilà le jeu formé; alors le Banquier tire les autres cartes l'une aprés l'autre, & à chaque carte demande aux Pontes ſi perſonne ne veut rien mettre ſur la carte qu'il vient de tirer.

Suppoſons donc que la cinquieme carte qu'il vient de tirer & qu'il a mis ſur la table ſoit un As, & qu'une perſonne de la compagnie veuille hazarder deux louis d'or ſur cet As ſans rien dire, il met ſes deux louis d'or ſur l'As, & il faut que le Banquier en faſſe de même, enſuite il continue à tirer les autres cartes l'une aprés l'autre, en faiſant toujours la même demande aux Pontes, & ſi le hazard fait ſortir le Dix qui eſt la carte de réjouiſſance avant le Roi, qui eſt la carte du Banquier; alors Pierre, le Banquier, tire à lui tout l'argent qui eſt ſur le Dix, comme auſſi les quatre louis d'or qui ſont ſur l'As, ſi l'As ſort avant le Roi: mais ſi au contraire le Roi ſort avant les cartes où tous les Pontes ont engagé leur argent, Pierre, le Banquier, perd tout ce qu'il a engagé, & les Pontes retirent chacun le double de ce qu'ils ont mis.

Remarquez donc mon ami, que ſi le Banquier à le bonheur que ſa carte qui eſt le Roi, ſe trouve à la fin du jeu il gagne toutes les autres douze cartes, c'eſt ce qu'on appelle faire une main à fond, &

ſi ce bonheur lui dure ſeulement trois Tailles, & qu'il faſſe trois mains à fond, il gagne tout l'argent de la compagnie : les Joueurs de profeſſion ont trouvé le moyen de faire ces mains à fond avec artifice, & voilà comment ils font : lorſqu'ils ſont chez eux, ils prennent ſix Jeux de cartes telles qu'elles viennent de chez le Cartier, & les coupent proprement avec des ciſeaux au haut de la carte en travers, & les rendent un peu plus courtes qu'elles n'étoient à la réſerve d'une carte par jeu, qui étant un peu plus longue que les autres ſe fait bien diſtinguer en la touchant. Suppoſons donc que la carte longue d'un Jeu ſoit le Valet; alors ils marquent les trois autres Valets qui ſont dans ledit jeu, ſoit en les pliant un peu au côté gauche, ou en y faiſant quelqu'autre petite remarque qu'ils peuvent bien diſtinguer, & inviſible aux autres perſonnes, ou même en ſe ſervant de quelques marques naturelles du tarotage, comme je vous l'ai appris par mes précédentes touchant le Pharaon ; ils ont donc ſix jeux de cartes de la même façon changeant ſeulement la carte longue, afin de ne pas pas faire toujours leur main à fond ſur le même Valet ; ils replient bien proprement ces cartes, & les mettent à leur poche pour les changer quand il en ſera temps, & lorſqu'ils doivent tailler ou tenir la main, ils font mêler ces cartes à la Compagnie, & ensuite les prennent pour les mêler eux-mêmes, ce qu'ils font de la façon suivante pour faire la main à fond.

Ayant le jeu de cartes à la main gauche, ils tâtent avec la droite pour trouver la longue carte que nous avons supposée être un Valet, & l'ayant trouvée ils la passent au dessus du jeu & la premiere carte, & font un mêlange à leur idée pour aller à la recherche des trois autres Valets, & les ayant aussi trouvés par le secours des marques qu'ils y ont fait, ils les placent tous trois au talon, ou pour mieux me faire entendre à la fin du jeu; ensuite ils mettent deux cartes dessous ces trois Valets, & aussi deux sur le quatrieme qui est en haut & la premiere carte; ensuite il fait une coupe entendue avec celui qui doit couper après lui, pour, & de façon que ces deux coupes remettent le jeu de cartes dans la même situation qu'il étoit avant ces deux coupes, & pour lors suivant cet arrangement, le Valet vient justement la troisieme carte, qui est la carte du Banquier, les trois autres Valets se trouvant à la fin du jeu, le Banquier fait sa main à fond, faisant ce manege trois fois en changeant toutes les fois de cartes pour éviter tout soupçon, il gagne tout l'argent de la Compagnie.

Par le Courier prochain je vous parlerai

encore des artifices de ce jeu, que je ne peux pas vous expliquer par cette lettre qui est déja assez longue.

En attendant, j'ai l'honneur de me dire très-sincerement,

Monsieur & ami,

Votre très-humble
obéissant serviteur &
ami, D. S. P.

DIX-HUITIEME LETTRE.

De Venise, le 5 Décembre 1767.

MONSIEUR ET AMI,

JE vais continuer par la présente à vous éclaircir de l'adresse des Joueurs de profession lorsqu'ils donnent le Lansquenet. Lorsque ces Messieurs ne peuvent pas trouver le moyen de changer les cartes, c'est-à-dire, d'insinuer les leur sur la table, ils ont trouvé un moyen pour gagner sûrement la réjouissance, ainsi que les cinq ou six premieres cartes qui tombent après la réjouissance, & ç'en est assez pour gagner tout l'argent de la Compagnie, & pour y parvenir ils font l'opération dont je vais vous instruire avec une adresse surprenante, & ſans que perſonne puiſſe entrer dans aucun ſoupçon ; mais il eſt néceſſaire qu'auparavant je vous apprenne que celui qui donne le Lanſquenet eſt obligé par regle du jeu de placer les cartes qui viennent en doublet à gauche & à droite de ſa carte ; c'eſt-à-dire, une d'un côté, & la deuxieme de l'autre, & pour me faire entendre plus intelligiblement, quand Pierre, le Banquier, a fait faire la coupe à l'ordinaire, il commence à donner les premieres deux cartes à celui qui doit tenir la main après lui, & qui ordinairement ſe tient à ſa droite, & ces premieres deux cartes, comme je vous l'ai déja dit s'appellent les cartes de la main ; enſuite il donne la troiſieme, qu'on appelle la carte du Banquier, en la plaçant devant lui ; après quoi il donne la quatrieme, qui eſt la réjouiſſance, & finalement il donne la cinquieme, la ſixieme, la ſeptieme, &c en les plaçant comme il lui plaît ſur la table, juſqu'à ce que ſa carte vienne à tourner ; & ſi, par exemple, la cinquieme carte a été un Huit, la ſixieme un Dix, la ſeptieme un Cinq, & la huitieme une Dame, lorſqu'un Huit vient à tourner avant ſa carte, il tire tout l'argent qu'il trouve ſur le Huit, & il eſt obligé de placer ces deux Huit, un au côté droit de ſa carte, & l'autre au côté gauche, ainſi que toutes les cartes qui tombent en doublet, & nos Chevaliers d'induſtrie profitent beaucoup de cet arrangement, en rangeant les doublets, & ces doubles cartes de la façon ſuivante. Je ſuppoſe que la premiere carte double a été deux Rois ; alors celui qui tient la main range un Roi au côté droit de ſa carte, & l'autre Roi au côté gauche & que les couleurs regardent le Ciel ; ſi la ſeconde carte a été deux Six, il place un Six deſſous le Roi du côté droit, & l'autre Six deſſus le Roi du côté gauche ; ſi la troiſieme double carte a été deux Sept, il place un Sept deſſous le Six à la droite, & l'autre Sept deſſus le Six à la gauche, & ainſi de toutes les cartes doubles qui ſortent juſqu'à ce que ſa carte vienne à retourner; alors ſa carte venant à retourner, il ramaſſe ces deux Paquets dont l'un eſt à la droite, & l'autre à la gauche, & les joignant enſemble, il paſſe au deſſous les cartes du jeu qui ſont reſtées dans ſa main gauche, ainſi que celles qui ſe trouvent ſur la table; de façon que les deux petits paquets arrangés comme je viens de vous le dire ſe trouvent deſſus; après quoi faiſant un faux mélange ſans toucher auxdits deux petits paquets, il donne à mêler ſes cartes à un de ſes amis, qui eſt dans l'intelligence, & qui ponte auſſi pour exciter les autres, lequel faiſant un autre faux mélange remet les cartes entre les mains de celui qui donne la main comme elles

elles étoient auparavant; le Banquier remêle de nouveau comme il le juge à propos, & donne à couper à celui qui a mêlé, ou à un autre qui est aussi dans l'intelligence; celui qui coupe étant bien sûr que l'arrangement se trouve dessus, qui est composé de seize à dix-huit cartes, il coupe dessous laissant douze à quatorze cartes au talon; & alors celui qui donne le Lansquenet gagne sûrement la réjouissance, & toutes les premieres cartes qui tombent après; & afin que vous compreniez mieux ce que je viens de vous marquer, faites-en vous-même l'essai chez vous, & vous en serez bientôt éclairci.

Si par hazard vous vous trouvez dans quelque compagnie où vous remarquiez ce manêge, votre meilleur parti est celui de ne pas jouer; il est vrai que si vous hazardiez quelques louis d'or sur les premieres cartes de la main, vous les gagneriez sûrement; mais celui qui donne la main sachant aussi bien que vous que ces cartes gagneront ne vous les tiendroit pas, & vous ne pourriez pas le forcer à le faire, vû que ce jeu est libre.

Par ma premiere je vous dirai encore quelque chose sur ce jeu; ce qu'attendant, j'ai l'honneur de me dire avec une sincere amitié,

Monsieur & ami,

Votre très-humble obéissant serviteur & ami, D. S. P.

DIX-NEUVIEME LETTRE.

De Venise, le 20 Décembre 1767.

MONSIEUR ET AMI,

JE vais encore aujourd'hui vous apprendre quelques ruses au sujet du Lansquenet, & finirai à ce sujet, croyant bien qu'après cette lettre vous serez dans le cas d'être à l'abri de ce que tous les Chevaliers d'industrie pourroient tenter contre vous.

Il y a de faux Joueurs qui n'ont pas besoin de cartes coupées, ni de carte plus longue, ni même de les ranger, & cependant ils ont l'adresse de gagner tout l'argent de la compagnie, en prenant seulement la réjouissance, & voilà comme ils font.

Lorsqu'à leur tour ils doivent tenir la main, & qu'un chacun de la compagnie a mêlé les cartes suivant l'usage, ils prennent les cartes avec la main gauche, & faisant semblant de vouloir bien les mêler, ils les jettent l'une après l'autre sur la table, au hazard, & telles qu'elles viennent, & ensuite ils les ramassent avec les deux mains, la couleur regardant la poitrine & remarquant deux seules cartes égales, soit deux Rois, deux Dix, &c après quoi plaçant ces deux cartes au talon, autrement dit à la fin du jeu, ils les mêlent bien en apparence; mais, cependant ces deux cartes égales sont toujours au talon, & à la fin ils les passent adroitement en haut; c'est-à-dire, au dessus du jeu, & font passer dans le milieu de ces deux cartes trois autres cartes qu'ils prennent au hazard, de façon que les deux cartes égales se trouvent divisées par les trois cartes susdites, & ensuite passant encore trois autres cartes au hazard, ils font le Pont & font couper à quelqu'un de leur connoissance, & qui est dans l'intelligence pour couper environ autant de cartes qu'ils sont convenus, & par ce moyen le Banquier est sûr de toujours gagner la réjouissance, & faisant cette opération trois ou quatre fois dans la soirée, il gagne tout l'argent de la compagnie, vû que sur la réjouissance il y a presque toujours le quart de l'argent des Pontes.

Je viens de vous parler d'un mot qui vous est peut-être inconnu, & dont je ne me souviens pas de vous avoir encore parlé, en vous disant ils font le Pont.

Le Pont se fait de la façon suivante. Lorsqu'ils ont le Jeu de cartes à la main gauche, avec la main droite, ils font prendre un pli à la moitié du jeu qui regarde le ciel, & à l'autre moitié un pareil pli qui regarde la terre, pour lors ces deux moitiés font une petite ouverture, que les

Joueurs de profession appellent le Pont, & lorsqu'ils ont quelqu'un dans leurs intérêts & de confiance, ils donnent à couper à cette personne, qui sent d'abord le Pont & coupe dedans.

Je crois de vous avoir suffisamment éclairci sur ce jeu de Lansquenet, pour que vous puissiez vous éviter des ruses & artifices de ce jeu, par lequel vous voyez que celui qui tient la main peut gagner gros, s'il fait seulement une couple de mains à fond; par conséquent si vous vous trouvez obligé de jouer à ce jeu, je vous conseille d'hazarder peu de chose en pontant; mais si au contraire vous avez occasion de tenir la main, vous pouvez y hazarder beaucoup, d'autant plus que les Joueurs de profession ne peuvent rien faire contre vous pour gagner votre argent, à moins qu'ils ne trouvent la subtilité d'ôter de votre jeu de cartes, une carte, ce qu'ils font en coupant ou autrement; alors ils mettent de grosses sommes sur ladite carte: par exemple, s-ils ôtent un Cinq de votre jeu de cartes, ils sont sûrs que dans le jeu il n'y a plus que trois Cinq; & lorsque vous donnez la main, & que vousretournez un Cinq sur la table; alors ceux qui vous ont joué ce tour, ou ceux qui en sont instruits savent pertinemment que dans le jeu que vous avez en main, il n'y a plus que deux Cinq, & mettent de groſſes ſommes ſur le Cinq, lequel probablement doit ſortir après votre carte que je ſuppoſe être un Roi, vû que vous avez trois autres Rois contre vous, & que les Pontes n'ont que deux Cinq contre eux; & pour vous garantir de telle ſurpriſe, ayez toujours ſoin de compter vos cartes après que les Pontes vous les ont mêlées, c'eſt le ſeul moyen de n'être pas leur dupe.

Je ne veux pas oublier de vous dire que quelquefois les Chevaliers d'induſtrie, lorſqu'ils tiennent la main, ſont capables de faire paſſer deſſous la carte qui vient à retourner à leur préjudice pour faire la main à fond: par exemple, ſuppoſons que A, en donnant la main, ait pour ſa carte une Dame, lorſqu'une autre Dame vient à retourner, ce qu'il connoît par quelques marques; alors quelqu'un de ſes aſſociés où confidens fait ſemblant de vouloir hazarder quelqu'argent ſur une carte qui ſe trouve au côté oppoſé, & par ce moyen couvre avec ſon bras le jeu de cartes, & pendant ce temps, celui qui tient la main paſſe promptement & avec adreſſe cette Dame à la fin du jeu, ce qui lui fait faire ſa main à fond; c'eſt à quoi vous devez bien prendre garde pour ne pas être la dupe de ces Meſſieurs-là.

Je ne vous écrirai plus que vous ne m'ayez fait ſavoir ſi vous comptez encore reſter long-temps à P..... En attendant cette satisfaction, j'ai l'honneur de me dire avec un sincere attachement,

Monsieur & ami, Votre très-humble obéissant serviteur & ami, D. S. P.

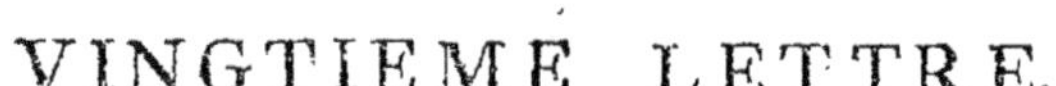

VINGTIEME LETTRE.

De P... le 21 Janvier 1768,

MONSIEUR ET AMI,

IL faudroit que je fusse un grand ingrat si, après les obligations que je vous ai, je ne vous donnois de mes nouvelles, sur-tout lorsque vous me le demandez.

Je vous dirai que j'ai fait dernierement un petit voyage à L... pour rendre visite à Son Excellence Mgr. De... notre compatriote & ami qui s'y trouve incommodé de la goutte, ce qui l'empêche de se rendre à Madrid pour mettre en exécution les ordres qu'il a reçus de notre Souverain; cependant à mon arrivée je l'ai trouvé beaucoup mieux qu'on ne me l'avoit dit, & il espere être bientôt en état de suivre sa route, & m'a chargé de vous faire mille complimens de sa part.

J'ai bien reçu en son temps l'honneur de votre derniere, par laquelle vous avez la complaisance de me donner les dernieres instructions sur le jeu du Lansquenet, dont je vous remercie infiniment; mais présentement que dans beaucoup de compagnies, ici les Jeux de Piquet & de Berlan ſont en vogue, & que pluſieurs fois il m'eſt arrivé d'entrer dans la partie par pure complaiſance, oſerois-je vous prier de m'en apprendre les ruſes & artifices pour m'en garantir, lorſque je tomberai entre les mains de quelques Chevaliers d'induſtrie.

Pendant le petit ſéjour que j'ai fait à L... j'ai été introduit, pour ainſi dire, malgré moi dans une ſociété de riches Négocians qui s'amuſent tous les ſoirs en faiſant des parties aſſez intéreſſantes; j'y reçus tout l'accueil poſſible, & on me propoſa de m'amuſer avec ces Meſſieurs au Berlan; mais je m'en défendis en diſant que ce jeu m'étoit tout à fait inconnu, & je n'en ſavois point d'autre que le Pharaon qui m'amuſoit beaucoup : ces Meſſieurs me répondirent poliment qu'ils ne vouloient pas que je fuſſe oiſif, & qu'ils quitteroient leur jeu ſi je voulois leur faire une Banque de Pharaon; je les contentai, mais je trouvai parmi eux des Pontes terribles & formidables par l'argent qu'ils couchoient ſur une carte, & qu'ils pouſſoient juſqu'au Sept & Leva; les deux premieres jours je perdis gros dans cette aſſemblée; mais graces aux bons avis que vous m'avez donné, & que j'ai éprouvé moi-même touchant les Pontes qui doivent toujours ſuccomber, je ne me fatiguai point de cette perte, & continuai à y aller tous les ſoirs ; mais le troiſieme, quatrieme, & cinquieme jours je les ai bien maltraités, & ai non-ſeulement regagné ce que j'avois perdu les deux premiers jours, mais encore 2000 Louis d'or que j'ai partagés avec notre Compatriote, Mgr. De..., qui en étoit d'un tiers avec moi.

J'ai acheté ici quelques jolies pieces d'étoffe, entr'autres une fort jolie pour faire des devants de veſte, je compte les envoyer la ſemaine prochaine à mes ſœurs, & ai deſtiné celle que je crois la plus jolie à vous en faire un préſent ; ainſi je vous prie de l'accepter des mains de mes ſœurs comme une petite reconnoiſſance de vos bontés à mon égard.

J'ai l'honneur de vous ſaluer, & celui de vous dire que je compte encore paſſer l'hiver ici ; c'eſt pourquoi je reclame encore vos bonnes inſtructions ſur les jeux de Piquet & Berlan, ſur leſquels je vous prie de me donner quelques lumieres pour me garantir des pieges qu'on pourroit me tendre ſur ces ſortes de jeux.

J'attends cette grace de vous, & vous prie de me croire avec un ſincere attachement,

Monſieur & ami,

Votre très-humble obéiſſant ſerviteur & ami, C. D.

VINGT-UNIEME LETTRE.

De Venise, le 19 Février 1768.

MONSIEUR ET AMI,

J'AI bien reçu l'honneur de votre lettre, par laquelle j'ai vu avec plaisir le gain que vous & Mgr De..... avez fait à L... & vous remercie ainsi que lui de son bon souvenir.

Vous me chargez de vous instruire des ruses & artifices de Mrs les Chevaliers d'industrie sur les Jeux de Piquet & Berlan, je le ferai avec plaisir & commencerai aujourd'hui par le Piquet; car ce jeu est fréquent par-tout. Premierement je vous observerai qu'il y a des Joueurs de profession de toutes sortes de degrés de finesse; car il y en a qui savent beaucoup plus que les autres; ceux d'un médiocre degré se servent de cartes coupées pour gagner l'argent de leurs adversaires; ils prennent un Jeu de cartes neuves qu'ils rendent avec les ciseaux les plus égales qu'ils le peuvent, soit en les coupant un peu en travers ou en large, après avoir fait cette premiere opération ils prennent les quatre Sept, les quatre Huit & les quatre Neuf, & en coupent une petite bande d'un côté en long pour les rendre un peu plus étroites que les autres, & enſuite ils prennent les quatre As, toutes les Figures, & les quatre Dix, & en coupent une petite bande en haut pour les rendre un peu plus courtes que les autres; mais obſervez qu'ils font ceſdites opérations avec beaucoup d'attention & d'adreſſe, ce qui eſt très-difficile à connoître, à moins que ce ne ſoit par des gens inſtruits, ou de la profeſſion : or donc, lorſqu'ils jouent au Piquet avec telles cartes qu'ils ont trouvé les moyens d'inſinuer ſur la table, & lorſqu'ils donnent la main à leur adverſe Partie, après avoir mêlé au hazard, ils placent les cartes ſur la table d'une ſituation, que l'adverſaire doit forcément couper de côté, & par ce moyen coupe une carte large, qui eſt un As, Figure, ou Dix, laquelle reſte deſſous pour celui qui donne les cartes, & il reſte deſſus une carte plus étroite pour l'adverſaire, qui eſt un Sept, Huit, ou Neuf; par double avantage, lorſque ledit adverſaire donne à couper au Chevalier d'induſtrie, il coupe les cartes différemment, & en long aux fins de couper une carte longue qui eſt un Sept, Huit, ou Neuf, qui reſte deſſous pour l'innocent, & la premiere carte pour le Chevalier eſt ſûrement un As, Figure, ou Dix; en conſéquence ce dernier ayant la main, aura toujours pour ſa premiere carte un As, Figure ou Dix, & laissera à son adversaire pour la derniere carte du talon un Sept, Huit ou Neuf; & au contraire quand il donnera la main, il donnera à l'adversaire toujours pour sa premiere carte un Sept, Huit ou Neuf, & trouvera pour sa derniere carte du talon toujours un As, Figure ou Dix, & par cet avantage qui semble petit aux yeux des innocents, mais qui est extrêmement grand vis-à-vis de ceux qui sont éclairés, & qui en connoissent le fort, ledit Chevalier gagnera tout l'argent que son adversaire peut perdre.

Le temps ne me permet pas de vous en dire davantage aujourd'hui; mais, par le premier Courier, je vous dirai autre chose sur le même sujet; ce qu'attendant, j'ai l'honneur de me dire avec un sincere attachement,

Monsieur & ami,

Votre très-humble obéissant Serviteur & ami, D. S. P.

VINGT-DEUXIEME LETTRE.

De Venise, le 24 Février 1768.

MONSIEUR ET AMI,

JE vous ai promis par ma derniere de vous donner encore quelques éclaircissements sur le Jeu de Piquet; j'y satisferai en deux lettres.

Vous serez surpris en vous disant qu'il y a des gens qui, par leur subtilité, sont capables de remettre la coupe devant vos yeux, ou de vous changer les cartes sans que vous puissiez vous en appercevoir: je vous dirai auparavant ce que c'est que de remettre la coupe. Le Chevalier qui joue avec vous au Piquet, a soin en mêlant les cartes d'en mettre au talon cinq mauvaises, composées de Sept, Huit ou Neuf, & dessous ces cinq mauvaises trois As, & ensuite il vous donne à couper, & vous couperez au hazard, & où la main vous portera; mais celui qui a dessein de remettre la coupe, c'est-à-dire, de remettre les cartes comme elles étoient auparavant, pour que les trois As se trouvent au talon, & les trois dernieres cartes, & les cinq mauvaises au dessus de ces trois As, s'y prend de cette façon: après que vous avez coupé il prend le paquet que vous devez poser sur l'autre, & le traîne un peu sur la table, afin que la derniere carte dudit paquet se détache un peu des autres, & en mettant ce paquet sur l'autre dans la même situation, il prend toutes les cartes de travers avec la main droite & les passe à la gauche suivant l'usage ordinaire; après quoi il couvre les cartes par devant avec les quatre doigts de la droite, & dans ce même temps avec le pouce de ladite main droite, il fait une ouverture par derriere où se trouve la carte qu'il a fait détacher en traînant le paquet comme je vous l'ai dit ci-dessus, & dans cette petite ouverture il y passe le petit doigt de la main gauche, & serre les cartes dans ses deux mains comme si elles étoient dans une boîte, & en donnant les cartes deux à deux suivant la coutume, soit en vous parlant, ou en faisant semblant d'éternuer ou de cracher, il fait passer les cartes qui sont au dessus de son petit doigt gauche dessous, & alors les cartes se trouvent dans la même situation où elles étoient auparavant votre coupe; c'est-à-dire, que vous trouverez au talon cinq mauvaises cartes qui seront Sept, Huit & Neuf, & lui il trouvera trois As; mais ils font ces opérations vîtement & avec une adresse surprenante; & il faut pour bien dire être de la profession pour s'en appercevoir; & quand cette opération est faite par un homme adroit, il est presque impossible de s'en appercevoir, ou du moins il faut en avoir soupçon, & y porter une grande attention. Et comme cette ruse peut servir dans tous les jeux, il est bon que vous la reteniez dans votre mémoire, pour que personne ne vous dupe en vous remettant la coupe.

D'autres moins adroits que ceux dont nous venons de parler, après avoir mis les cartes dans leurs mains de la façon dont je vous ai dit ci-dessus, remettent la coupe en baissant un peu les mains dessous la table, feignant aussi d'éternuer ou de cracher.

D'autres, après avoir mis les cartes dans leurs mains & étant tout prêts de remettre la coupe, sont couverts par le bras d'un associé, qui prend prétexte de moucher la chandelle, ou de prendre une prise de tabac dans la tabatiere de celui qui donne les cartes, laquelle tabatiere on a soin exprès de tenir au côté opposé.

Par ma premiere, je finirai de vous dire ce qui regarde le Jeu de Piquet ; ce qu'attendant, j'ai l'honneur de vous saluer, & le plaisir de me dire avec un sincere attachement,

Monsieur & ami,

Votre très-humble obéissant Serviteur & ami, D. S. P.

VINGT-TROISIEME LETTRE.

De Venise, le 10 Mars 1768.

MONSIEUR ET AMI,

JE vous ai promis de finir aujourd'hui sur les ruses & artifices qui concernent le jeu de Piquet; je vais y satisfaire.

Il y a des Chevaliers d'industrie qui en jouant au Piquet mettent en usage une opération très-simple, & avec laquelle ils font des gains considérables.

Vous savez bien que deux personnes qui jouent au Piquet mettent chacun devant eux les prises ou levées qu'ils ont fait, & que chacun en particulier les peut regarder quand il lui plaît & les mêler à son gré, ils se servent de cette liberté pour former l'arrangement suivant.

Ils prennent trois As, ou deux As, & un Roi, ou deux Rois & un As, & le mettent au talon de leurs levées, & en jouant ils passent dessous ces trois cartes cinq mauvaises cartes comme Sept, Huit & Neuf, & lorsqu'ils doivent donner la main à l'adversaire, ils ramassent toutes les cartes, & faisant semblant de les mêler en apparence ils ne dérangent jamais les huit cartes susdites, & ensuite faisant un petit Pont avec adresse, ils coupent une fois eux-mêmes, afin que le Pont soit directement à la place où l'adversaire a coutume de couper, & s'il coupe dans le petit Pont ce qui est presque sûr, il aura un très mauvais jeu ; de plus, les cinq cartes qu'il prendra au talon ne seront que des Sept, Huit, ou Neuf, tandis que l'autre y trouvera trois cartes, qui seront des As ou des Rois.

Il y en a d'autres qui font une très-petite marque avec les ongles à une seule As, & toutes les fois qu'ils ont la main, ils ont l'adresse de couper trois ou quatre cartes au dessous de l'As marquée, afin qu'en prenant ladite As dans leurs cinq cartes du talon, ils puissent accommoder leur jeu. D'autres plus hardis marquent toutes les As en y faisant un très-petit pli en haut du côté gauche, & lorsqu'ils donnent la main à leur adversaire, en mêlant les cartes, ils vont à la recherche de trois As, & les mettent au talon, & en faisant couper à l'adversaire ils retirent subtilement & avec la main gauche les trois As qui sont au talon, & donnent à couper avec la main droite, en tenant la main gauche devant leur poitrine, pour que l'adversaire ne puisse rien voir, & après qu'il a coupé ils ramassent les cartes avec la main droite, & les mettent sur les trois As qui sont cachées dans leur main gauche, & ensuite donnent les cartes ; mais vous

comprenez

comprenez bien que l'adversaire aura un pauvre jeu, puisque l'autre est sûr d'avoir trois As au talon, & la quatrieme peut lui venir par hazard comme à l'autre.

D'autres mettent un mouchoir sur leurs genoux, & de temps en temps en mêlant les cartes pour donner la main, laissent tomber sur le mouchoir susdit une couple d'As, & en se donnant les cartes ils ont soin de s'en donner autant de moins qu'il y en a sur le mouchoir, & à la fin de la donne, ils ramassent le tout ensemble, & ont toujours beau jeu.

D'autres, lorsqu'ils ont la main, au lieu d'écarter cinq cartes, n'en écartent que trois ou quatre; & après qu'ils ont pris les cinq cartes du talon, & ont vu leur jeu, ils mettent adroitement les cartes qu'ils ont de trop dans leur main droite, & faisant semblant de vouloir regarder leur écart, ils les glissent subtilement avec les trois ou quatre autres qu'ils ont écarté.

D'autres font placer un de leurs associés à côté de leur adversaire, sous prétexte de parier pour lui à la partie, afin que leur associé regardant le jeu dudit adversaire puisse par des marques & signes dont ils sont convenus ensemble, leur faire connoître tout son jeu, & en quoi il porte, & cela s'appelle en langage de Chevalier d'industrie faire le petit service; pour moi, je crois qu'on pourroit bien appeller cela le grand ſervice, d'autant plus que ſi l'adverſaire a 10000 louis d'or, il les perdra ſans reſſource.

Je crois vous en avoir aſſez dit ſur ce jeu, pour que vous puiſſiez vous garantir des embûches qu'on pourroit vous y tendre; ainſi je ne vous en dirai plus rien. Je vous dirai qu'il m'eſt ſurvenu des affaires de la derniere conſéquence, qui demandent ma préſence à Naples, où je compte me rendre avec mon épouſe, ſous l'eſpace de ſix ſemaines, & ces affaires nous y retiendront au moins ſix mois; ainſi je compte qu'à mon retour je vous trouverai en notre Ville jouiſſant d'une parfaite ſanté; je le ſouhaite & l'eſpere, pour avoir le plaiſir de nous embraſſer. Je vous écrirai encore une lettre avant mon départ, pour vous dire encore quelque choſe ſur d'autres jeux, comme le Berlan, le petit Paquet, les Dez & le Billard. En attendant cet avantage, j'ai l'honneur de vous ſaluer, & celui de me dire avec le plus parfait attachement,

Monſieur & ami,

Votre très-humble obéiſſant
Serviteur & Ami,
D. S. P.

VINGT-QUATRIEME LETTRE.

De Venise, le 30 Avril 1768.

MONSIEUR ET AMI,

JE vous ai promis par ma derniere de vous écrire avant mon départ pour Naples ; j'y aurois véritablement satisfait plutôt si mon épouse ne fut pas tombée dans une dangereuse maladie trois ou quatre jours après madite derniere, & il n'y a que huit jours qu'elle se leve ; je puis vous assurer que les Médecins & moi pensions bien qu'elle n'en releveroit pas ; mais graces à Dieu elle va bien présentement, & nous avons fixé notre départ d'aujourd'hui en huit jours, & suivant ma promesse je vais vous écrire quelque chose sur les artifices & ruses des Jeux de Berlan, le petit Paquet, les Dez, & le Billard. Je commencerai donc par le Berlan qui est un jeu que l'on peut jouer à deux, trois, ou quatre, & on donne trois cartes à chaque Joueur, mais il faut les donner une à une ; c'est un jeu où l'on peut perdre cent mille florins & plus en un coup par entêtement ; car quand ce jeu ne point borné on peut s'y ruiner en un moment, fut-on riche de dix millions.

Celui qui a les cartes en main pour faire la donne, met une piece d'or ou d'argent sur la table suivant la convention des Joueurs, cette piece s'apelle la Passe, le premier peut se carrer; c'est-à-dire, mettre autant d'or ou d'argent sur la table que celui qui a donné les cartes, & ce privilege lui donne droit de faire parler les autres avant lui; le second peu aussi se contre-carrer; c'est-à-dire, mettre autant d'or ou d'argent que celui qui donne les cartes, & celui qui est premier en cartes en ont mis tous deux ensemble; alors cela arrivant ainsi c'est au troisieme à parler; c'est-à-dire, que lorsqu'il a examiné son jeu, il faut qu'il dise je passe ou je vois le jeu, & voir le jeu, cela veut dire consisquer autant qu'il y a au jeu pour faire voir ses cartes; le quatrieme après avoir vu son jeu dit je passe, ou je vois le jeu & encore un louis d'or au dessus du jeu; alors celui qui a donné les cartes voit son jeu, & dit je passe, ou je tiens le jeu & encore trois louis d'or après; ensuite le premier en carte qui s'est carré peut dire je passe, ou je tiens le jeu & encore dix louis d'or après, & le second qui s'est contrecarré peut aussi dire je passe, ou je tiens le jeu & encore cent louis d'or après; alors si le troisieme qui a vu le jeu simplement, qui n'étoit alors que de la passe de la carre, & de la contre carre, veut encore tenir il faut qu'il mette autant sur la table que celui qui a relancé de cent louis d'or ; si au contraire il sent que son jeu n'est pas assez fort, il dit encore je passe, cela veut dire je ne veux pas tenir, & pour lors il perd sans montrer son jeu, ce qu'il a exposé ; si le quatrieme en fait de même, il perd aussi sans montrer son jeu autant que le troisieme & encore le louis d'or qu'il avoit mis de plus ; si celui qui a donné les cartes en fait de même, il perd aussi autant que le quatrieme, & encore trois louis d'or de plus ; si le premier en cartes en fait aussi de même, il perd autant que celui qui a donné les cartes & encore dix louis d'or de plus ; alors le second qui s'est contrecarré ramasse tout l'argent sans faire voir son jeu, & fait encore croire aux autres qu'il n'avoit rien, & qu'il n'a mis ces derniers cent louis d'or que pour leur faire peur, cela à la vérité arrive souvent, mais on y est quelquefois pris ; après cela les Joueurs croient qu'il en fait toujours de même, & veulent aussi le pousser, & il arrivera peut-être que dans le moment où ils voudront l'intimider qu'il aura Berlan, ou Tricon, pour lors il est sûr d'avoir tout l'argent ; par exemple, supposons que les quatre que nous venons de faire jouer eussent le jeu suivant ; savoir, il retourne le Neuf de carreau ; le premier en cartes a dans son jeu l'As, le Roi &

le Valet de carreau, avec la retourne qui eſt un Neuf, cela lui fait quarante, c'eſt un très-beau jeu, le ſecond a trois As, c'eſt Berlan, & encore plus beau jeu, le troiſieme a la Dame, le Valet, & le Dix de cœur, c'eſt trente, c'eſt auſſi un beau jeu; & le quatrieme a trois Neufs & un quatrieme Neuf qui retourne c'eſt Tricon & tout le plus qu'on puiſſe avoir. Alors le premier qui a un très-beau jeu, a mis le jeu & un louis d'or après, ſon jeu eſt de mettre bien plus, mais il ne le fait pas dans la crainte d'épouvanter les autres, & qu'ils ne diſent l'un après l'autre je paſſe; le ſecond qui a trois As qui font Berlan & encore plus beau jeu que le premier met dix louis d'or après; le troiſieme qui n'a que trente eſt épouvanté, & craint l'As de cœur dans les autres mains, par conſéquent dit je paſſe; mais le quatrieme qui a en main trois Neufs & un de retourne ce qui lui fait Tricon & le plus beau jeu de la carte, dit va le jeu & encore cent louis d'or après; alors le premier qui ne craint que Berlan ou Tricon, & qui eſpere encore trouver des carreaux dans les mains des deux autres, dit va les cent louis d'or & encore deux cens après, le troiſieme qui a Berlan, & qui ne craint que le Tricon qui eſt fort rare, dit va les deux cens louis, & encore mille après, le quatrieme qui fait que perſonne ne peut l'emporter ſur lui puiſqu'il a Tricon, dit va les mille louis, & encore dix mille après ; si les autres ne veulent plus relancer, il faut qu'ils mettent encore chacun les dix mille louis d'or dont l'autre a relancé, & seulement pour abattre le jeu : le premier abat son jeu, & fait voir qu'il a quarante, & demande aux autres s'ils ne lui portent point des carreaux ; le second fait voir qu'il a Berlan d'As ; & le quatrieme montre qu'il a trois Neufs & un de retourne, ce qui fait Tricon, & ramasse tout l'argent.

Ainsi, vous voyez par cet exemple, mon ami, qu'on peut perdre bien gros en peu de temps, puisque si les autres eussent encore relancé par la force de leur jeu ou par entêtement, le jeu auroit encore monté bien plus haut ; comme aussi, si le premier & le second en cartes n'eussent pas voulu mettre les dix mille louis d'or de relance du quatrieme, il auroit de même tiré tout l'argent qui étoit sur le jeu, sans seulement leur donner la satisfaction de leur faire voir son jeu, & auroit même dit qu'il n'avoit rien, & que c'étoit seulement pour leur faire peur : enfin, c'est un jeu diabolique, & dans lequel il faut avoir le même visage avec rien comme avec le plus beau jeu de la carte ; car on remarque beaucoup le visage d'une personne à l'aspect de son jeu, & les Joueurs de profession savent bien déguiser leur visage lorsqu'ils jouent à ce jeu-là ; ils ont même l'air inquiet lorsqu'ils n'ont rien, comme s'ils avoient le plus beau jeu du monde, & s'ils savent qu'ils ont à faire à des gens craintifs lorsqu'ils n'ont rien, ils poussent le jeu avec autant de force que s'ils avoient Berlan dans leurs mains, ce qu'ils font exprès pour que ceux qui ont beau jeu craignant Berlan ou Tricon, & dans cette crainte ils passent ; alors ceux qui les ont épouvantés tirent tout l'argent, & font croire qu'ils avoient Berlan, parce qu'à ce jeu on ne montre jamais ses cartes, que quand il s'agit d'abattre : & les Joueurs de profession, lorsque c'est à eux à donner les cartes, savent les arranger pour les donner telles que je viens de vous donner l'exemple ci-dessus ; & quand ils font couper, ils remettent la coupe en éternuant ou en crachant, ou en se faisant cacher par la manche de quelqu'un de leurs associés qui mouche la chandelle, & ils ont cela de bon à ce jeu-là, qu'ils n'ont pas besoin de faire plusieurs coups de cette nature ; car avec un seul coup ils emportent l'argent des autres & quittent : autrement ils ont un jeu de cartes dans leur poche tout prêt arrangé, pour donner au premier quarante en triomphe, aux deux autres Berlan, & à lui Tricon : observez aussi que celui qui a envie de changer les cartes a eu soin en commençant la partie de se metſtre dans un coin ou contre le mur, afin que perſonne ne puiſſe aller & venir derriere lui ; alors quand il a joué un certain temps, & qu'il voit qu'il va bientôt donner, il commence à tirer un mouchoir de ſa poche, qu'il tient ſur ſes genoux tendus fermes, & met le jeu de cartes apprêté ſur ſon mouchoir, & lorſqu'on lui a remis les cartes en mains pour les mêler, il les mêle bien, & donne à couper; quand les cartes ſont coupées, il fait ſemblant d'éternuer, & de cracher, & tenant les cartes qu'on a coupées dans la main gauche, en ſe baiſſant pour cracher, il les lâche ſur ledit mouchoir, & prend ſubtilement le jeu apprêté, & donne enſuite les cartes une à une, & il ſe trouve que tous les quatre Joueurs ont un très-beau jeu, & même deux Berlans & lui Tricon; ce coup eſt un coup à tirer cent mille florins ſi ſes oueurs les ont; ainſi, après ce coup, il n'eſt plus queſtion de jouer, car les Joueurs n'ont plus d'argent : de plus, pour lui aider à faire ſon coup, un de ſes aſſociés & ſpectateur de la partie vient à propos lui marcher ſur le pied, l'autre fait un cri, & jure après lui en faiſant ſemblant d'y porter la main, & pendant ce temps il fait ſon coup, ou même on vient lui prendre une priſe de tabac en paſſant la manche par devant lui ou moucher la chandelle, &c le tout pour lui donner le temps de faire ce changement de cartes, qui une fois fait, n'a plus besoin d'être répété : mais je vous conseille en ami de ne jamais jouer à ce jeu-là, & ce n'est pas sans raison que la plus grande partie de nos Princes en Europe l'ont défendu ; car enfin ce n'est pas là un jeu à s'amuser.

Me voilà présentement encore pressé du Courier, & il faut que je finisse la présente, que je ne pensois pas vous écrire si longue au sujet du Berlan ; mais en écrivant, la matiere s'enfle sans s'en appercevoir ; mais comme j'ai encore huit jours avant mon départ, je vous promets de vous écrire par le premier Courier, ce que le temps ne me permet pas de vous dire aujourd'hui sur les trois autres Jeux dont je vous ai parlé ; vous pouvez y compter comme sur le sincere attachement, avec lequel j'ai l'honneur de me dire,

Monsieur & ami,

Votre très-humble
obéissant serviteur &
ami, D. S. P.

VINGT-CINQUIEME LETTRE.

De Venise, le 5 Mai 1768.

MONSIEUR ET AMI,

JE suis aujourd'hui à la surveille de mon départ pour Naples, & avant que de partir, il est juste que je vous tienne ma parole de vous écrire aujourd'hui touchant les ruses & artifices dont se servent les Chevaliers d'industrie ou Joueurs de profession, lorsqu'ils jouent au petit Paquet, aux Dez & au Billard ; ce sera aussi la clôture de notre correspondance jusqu'à ce que j'aie eu le plaisir de vous voir de retour, que j'espere bien avoir quand je reviendrai en cette Ville, & compte bien que mes instructions vous auront été assez profitables, pour vous trouver à mon retour jouissant d'une honnête fortune ; je le souhaite avec autant d'ardeur que si vous étiez mon fils.

Je commencerai par le Jeu du petit Paquet, qui est un jeu aussi méchant pour le moins que celui du Berlan, & où les Joueurs de profession font bien leur compte, puisque telles mesures que l'on prenne, ils vous attrapent toujours, soit que vous fassiez les Paquets vous-même, ou qu'ils les fassent eux-mêmes, & pour y parvenir, ils prennent un Jeu ou deux de cartes, & coupent les basses avec une paire de ciseaux; c'est-à-dire, une petite bande en long de chaque côté, ce qui les rend un peu plus étroites que les autres; ils font cette opération aux quatre Sept, aux quatre Huit, aux quatre Neuf, & aux quatre Dix, & les autres qui sont les douze Figures, & les quatre As, ils en coupent aussi une petite bande par en haut & par le bas pour les rendre un peu plus courtes que les autres; après cela ils trouvent les moyens de placer ces cartes sur la table, ou s'ils ne peuvent le faire, ils mettent le Maître de la maison dans leur confiance pour se faire servir par lui ces cartes un peu coupées, ce qui ne paroît presque rien; car il faudroit en être prévenu pour s'en appercevoir, d'autant plus que cette opération est faite fort proprement; après donc que ces cartes sont introduites sur la table, & qu'il s'agit de jouer au petit Paquet, si vous faites vous-même les paquets, vous prendrez naturellement les cartes en travers comme on coupe ordinairement, & vous ferez trois ou quatre paquets qui ne peuvent se trouver autres que des As, ou des Figures, vû que vous ne pouvez couper les cartes qui sont un peu plus étroites, d'autant plus qu'elles glissent d'un côté ou de l'autre à l'attouchement des doigts ; alors celui qui Joue avec vous prendra les cartes par le côté étroit en long, & fera aussi un paquet ou deux, qui ne feront que des Sept, Huit, Neuf, ou Dix, parce que les As & Figures qui sont un peu plus courtes que les autres glisseront aussi à l'attouchement des doigts, & pour lors il prendra pour lui les trois ou quatre paquets que vous avez fait en mettant de grosses couches d'argent dessus, & vous laissera le paquet ou deux qu'il vous a coupé ; alors retournant il se trouvera que dans les quatre paquets qu'il a pour lui ce sera toutes Figures & As, & vous toutes les basses cartes, par ce moyen gagnera tout ce qu'il a mis sur ses cartes ; autrement s'il fait lui-même les paquets il vous les coupera toutes en long, pour que les paquets ne soient que des Sept, Huit, Neuf ou Dix, & vous dira, Monsieur, faites-en un vous-même ; pour moi, alors vous prendrez les cartes naturellement en travers comme tout le monde le fait, & vous lui couperez un As, ou une Figure, & par ce moyen vous perdrez encore tout ce que vous aurez mis, & en peu de temps vous perdriez de cette façon tout ce que vous pouvez posséder ; ainsi quand vous jouerez à ce jeu, faites attention aux cartes, examinez-les, & voyez de quelle façon votre Joueur coupe les cartes, autrement vous seriez dupé.

Quant au jeu de Dez, les Joueurs de profeſſion aiment beaucoup ce jeu, parce qu'il y a beaucoup de ruſes à pouvoir exercer; premierement il y a des Dez de toutes façons, il y en a des carrés, & il y en a qui ſont preſque ronds, étant écornés par l'ouvrier de tous les coins, il y en a auſſi de plombés. Quand des Chevaliers d'induſtrie voient jouer aux Dez, ils remarquent premierement ſi, lorſqu'on jette les Dez fort, ils amenent gros jeu ou des bas points: alors quand ils ont fait ces remarques, ils ſe propoſent d'entrer à la partie, ſi on joue au plus haut point ils tâchent de profiter de leurs remarques, mais ils tâchent toujours d'exciter les Joueurs à jouer le paſſe-Dix, parce que c'eſt un jeu qui va bien plus vîte, & quand on a les Dez en mains, on continue toujours de jouer juſqu'à ce qu'on ait manqué. Par cette raiſon les Joueurs ont toujours trois ou quatre jeux de Dez dans leur poche de toutes les façons; c'eſt-à-dire, de preſque ronds, & des carrés, dont la moitié ſont à la paſſe, & l'autre moitié à la manque; les Dez à la paſſe ſont des Dez plombés ſur l'As, le Deux, & le Trois, de façon qu'en roulant ces Dez ils tombent toujours ſur leur côté le plus lourd, & par conſéquent amenent Six, Cinq, ou Quatre, & conſéquemment paſſent toujours, & des Dez à la manque sont des Dez plombés au Six, Cinq, & Quatre, par conséquent en les roulant ils amenent toujours As, Deux, & Trois, de cette façon quand ces Chevaliers d'industrie ont une fois introduit des Dez à la passe où à la manque à ceux qui jouent, ils sont bien sûrs de leur gain; par exemple, un Chevalier d'industrie, qui est une fois entré en partie avec trois, quatre, cinq, ou six Joueurs, & qui a envie de changer les Dez pour en mettre à la manque, lorsque c'est à lui à jouer il prend son jeu de Dez dedans sa poche & le tient dans la main gauche, & lorsqu'il prend les Dez sur la table pour les mettre dans le cornet, il en laisse tomber un comme par mégard, alors se baissant pour le ramasser, il met vitement & avec adresse ses trois faux Dez dans le cornet, & tient les autres dans la main gauche; ensuite il joue de sa main droite en pariant de passer; il manque & jure contre les Dez, disant je ne joue plus je suis trop malheureux; après quoi quand les autres vont jouer il parie dix, vingt, ou trente louis que le Joueur ne passe pas, enfin il ne passe pas, & pendant vingt & trente coups personne ne passe, & il n'y a que lui qui gagne tout l'argent parce-qu'il ne tient pas les Dez à son tour, & de cette façon personne ne le soupçonne en rien d'autant plus qu'il ne joue pas.

Autrement pour gagner plus promptement l'argent de la compagnie, il joue honnêtement dix ou douze fois, & lorsque son tour revient à pousser les Dez, ils les change de la façon dont je viens de vous dire où autrement, & met à la place des Dez à la passe, & au moyen de ces Dez il passe autant de fois que la Compagnie avec qui il joue a d'argent à gagner; j'en ai connu un ici qui a passé quarante-deux fois de suite, & a gagné plus de vingt mille ducats; enfin, personne n'avoit plus d'argent, & tout le monde a quitté; il a resté seul à la table en disant encore personne n'en veut donc plus, & il a encore mis les Dez dans sa poche comme par distraction, le Maître s'en étant apperçu lui dit, Monsieur, voulez-vous emporter tout l'argent de la maison & encore les Dez; c'est vrai, dit il, je n'y pensois pas, & il rendit non pas les siens, mais les véritables Dez du Maître. Ainsi voyez quel avantage il y a de tomber dans les mains de ces Messieurs-là, & je vous conseille, lorsque vous jouerez à ce jeu, de bien prendre garde à leurs mains; car il y en a de si subtils, qui, quoique vous soyez présentement averti, vous les changeroient encore en votre présence sans que vous vous en apperçussiez.

Il me reste donc encore à vous parler du jeu de Billard, qui est cependant un jeu d'adresse, & où on pense qu'on ne peut pas être trompé, mais il y a pourtant beaucoup

coup de Joueurs qui ſavent cacher leur jeu, & qui ſe laiſſeront gagner cinq ou ſix parties de ſuite; mais lorſque le jeu devient ſérieux, & commence à s'échauffer, ils jouent différemment, & ne prennent des points qu'à meſure qu'ils en ont beſoin; & il ſe trouve beaucoup de Parieurs qui vous excitent à gager pour vous, & ces Parieurs ſont de moitié & des aſſociés du Joueur; & s'ils voient que vous ne voulez pas parier, ils vous diront, Monſieur, votre partie eſt très-bonne avec Mr. un tel, vous ne pouvez jamais perdre, mettez-moi de moitié ou d'un quart comme il vous plaira; prenez ces cent louis, nous ferons de moitié, jouez gros jeu avec lui; car quand cet homme joue gros jeu, il perd la tête, & ne peut plus faire des billes; ſi vous tombez dans le panneau vous perdrez ſûrement, & ces Meſſieurs vous diront, il faut avouer que vous avez joué malheureuſement aujourd'hui, prenez demain votre revanche, j'en ſerai toujours de moitié, & jouez hardiment, il faut qu'il ſuccombe; car cet homme n'eſt pas de votre force, & ſi vous jouez le lendemain & le ſurlendemain, c'eſt toujours argent perdu, & ces Meſſieurs-là partageront votre argent.

Autrement ſi vous jouez, & que vous ne vouliez ni jouer gros jeu, ni parier avec perſonne, les Chevaliers d'induſtrie qui s'entendent avec celui qui joue avec vous, lui disent, Monsieur, je parie dix louis d'or pour celui qui joue avec vous; l'autre dit cela suffit, Monsieur, je les tiens, ensuite ils vous prient de jouer de votre mieux, & lorsque vous manquez une bille dans un beau coup, ils vous font entendre que si votre partie eût été plus intéressée, que vous auriez pris plus de peine, & lorsque vous avez perdu la partie, ils demandent la revanche, & vous prient de vous en mettre de moitié; vous qui êtes honnête homme, & qui avez peur qu'on ne vous soupçonne de faciliter le gain de l'autre, vous répondez que vous en êtes de moitié; vous perdez une, deux, trois ou quatre parties; alors vos associés demandent à redoubler le jeu, insensiblement vous voilà enfilé dans une perte considérable, tandis que vous n'aviez cependant commencé que dans le dessein de vous amuser.

D'autres s'y prennent encore différemment; ils font jouer devant vos yeux un homme que vous connoissez plus foible que vous, avec un que vous connoissez être plus fort que vous, & ce plus foible qui joue gros jeu vous propose encore de parier gros pour lui à la partie; vous qui connoissez qu'il ne peut pas tenir à la longue contre le jeu de l'autre, ne demandez pas mieux que de parier contre lui, & l'autre pour qui vous pariez se laisse gagner, en faisant cependant balancer la partie depuis Deux à Deux, Quatre à Quatre, Six à Six, Huit à Huit jusqu'à la derniere Bille que votre Joueur perd toujours, & il vous dit pour toute consolation qu'il a joué malheureusement, ou qu'il a diné en Ville, & que le vin lui fait mal à la tête, & il tâche de vous exciter à prendre le lendemain votre revanche; en attendant ils vont partager ensemble votre perte, & ces Messieurs-là appellent cela tirer la beccassine.

Je vous crois présentement assez instruit sur les ruses & artifices, que pourroient vous tendre tous les Chevaliers d'industrie ou Joueurs de profession, & espere bien vous en avoir assez dit pour ne pas les craindre, & souhaite comme je vous l'ai dit, que mes instructions vous soient aussi profitables que je le desire, & vous ramenent auprès de nous avec une fortune honnête; si mes souhaits sont accomplis à ce sujet, il ne me restera plus qu'à desirer la continuation de votre amitié, que je reclamerai toujours, ayant l'honneur d'être avec le plus parfait attachement,

Monsieur & ami,

Votre très-humble obéissant Serviteur & ami, D. S. P.

FIN.

BIBLIOTHÈQUE DE L'ARSENAL

www.ingramcontent.com/pod-product-compliance
Ingram Content Group UK Ltd.
Pitfield, Milton Keynes, MK11 3LW, UK
UKHW021544260726
13993UKWH00002B/632